财富世界行 系列丛

Starting A War Of Money

打响金钱保卫战

阿根廷财富世界之旅

Rich World Tour Of Argentina

李光辉／编著

中国出版集团 现代出版社

图书在版编目（CIP）数据

打响金钱保卫战 / 李光辉编著. —北京 ：现代出版社，2016.7
（2021.8重印）

ISBN 978-7-5143-5203-0

Ⅰ. ①打…　Ⅱ. ①李…　Ⅲ. ①经济概况—阿根廷
Ⅳ. ①F178.3

中国版本图书馆CIP数据核字(2016)第160736号

编　　著	李光辉
责任编辑	王敬一
出版发行	现代出版社
通讯地址	北京市安定门外安华里504号
邮政编码	100011
电　　话	010-64267325 64245264（传真）
网　　址	www.1980xd.com
电子邮箱	xiandai@cnpitc.com.cn
印　　刷	北京兴星伟业印刷有限公司
开　　本	700mm × 1000mm 1/16
印　　张	9.5
版　　次	2016年8月第1版　2021年8月第3次印刷
书　　号	ISBN 978-7-5143-5203-0
定　　价	29.80元

前言

QIANYAN

多年以来，我们就一直想策划关于G20的图书，经过艰苦努力，如今这个想法终于变成了现实。毋庸置疑，G20已经成为世界上最具影响力的经济论坛之一，而成员国则被视为世界经济界“脑力激荡”、“激发新思维”与财富的代名词。

我常常会在心里问自己：到底什么是财富？什么是经济？有的人可能会说，钱啊！这种说法从某种意义上来说有一定的道理。在这里我要说，只要是具有价值的东西都可以称之为财富，包括自然财富、物质财富、精神财富，等等。从经济学上来看，财富是指物品按价值计算的富裕程度，或对这些物品的控制和处理的状况。财富的概念为所有具有货币价值、交换价值或经济效用的财产或资源，包括货币、不动产、所有权。在许多国家，财富还包括对基础服务的享受，如医疗卫生以及对农作物和家畜的拥有权。财富相当于衡量一个人或团体的物质资产。

需要说明的是，世上没有绝对的公平，只有相对的强弱。有的人一出生就有豪车豪宅，而且是庞大家业的继承人；有的人一出生就只能是穷乡僻壤受寒冷受饥饿的孩子。自己的人生只有改变“权力、地位、财富”中的一项，才可以获得优势的生存机会。那么，财富又被赋予了新的内涵:要创造财富,增加财富,维持财富,保护财富,享受财富;要提高自己的生活质量。

二十国集团是一个国际经济合作论坛,它的宗旨是为推动发达国家和新兴市场国家之间就实质性问题进行讨论和研究,以寻求合作并促进国际金融稳定和经济持续发展。二十国集团由美国、英国、日本、法国、德国、加拿大、意大利、俄罗斯、澳大利亚、中国、巴西、阿根廷、墨西哥、韩国、印度尼西亚、印度、沙特阿拉伯、南非、土耳其共19个国家以及欧盟组成。这些国家的国民生产总值约占全世界的85%,人口则将近世界总人口的2/3。本选题立足二十国集团,希望读者通过阅读能够全面了解这20个经济体,同时,能够对财富有一个全面而清醒的认识。

即使在基本写作思路确定后,对本书的编写还是有些许的担忧,但是工作必须做下去,既然已经开始,我们绝不会半途而废。在编写过程中,书稿大致从以下几个方面入手:

1. 立足G20成员国的经济、财富,阐述该国的经济概况、经济地理、经济历史、财富现状、财富人物以及财富未来的发展战略等。

2. 本书稿为面对青少年的普及型读物,所以在编写过程中尽量注重知识性、趣味性,力求做到浅显易懂。

3. 本书插入了一些必要的图片,对本书的内容进行了恰到好处的补充,以更好地促进读者的阅读。

尽管我们付出了诸多的辛苦,然而由于时间紧迫和能力所限,书稿错讹之处在所难免,敬请各方面的专家学者和广大读者批评指正,我们将不胜感激!

编 者

2012年11月

目录

CONTENTS

开　篇　二十国集团是怎么回事

二十国集团，由八国集团（美国、日本、德国、法国、英国、意大利、加拿大、俄罗斯）和11个重要新兴工业国家（中国、阿根廷、澳大利亚、巴西、印度、印度尼西亚、墨西哥、沙特阿拉伯、南非、韩国和土耳其）以及欧盟组成。

二十国集团简介

二十国集团，由八国集团(美国、日本、德国、法国、英国、意大利、加拿大、俄罗斯)和11个重要新兴工业国家(中国、阿根廷、澳大利亚、巴西、印度、印度尼西亚、墨西哥、沙特阿拉伯、南非、韩国和土耳其)以及欧盟组成。按照惯例，国际货币基金组织与世界银行列席该组织的会议。二十国集团的GDP总量约占世界的85%，人口约为40亿。中国经济网专门开设了“G20财经要闻精粹”专栏，每日报道G20各国财经要闻。

【走近二十国集团】

二十国集团，又称G20，它是一个国际经济合作论坛，于1999年12月16日在德国柏林成立，属于布雷顿森林体系框架内非正式对话的一种机制，由原八国集团以及其余12个重要经济体组成。

二十国集团的历史

二十国集团的建立，最初是由美国等 8 个工业化国家的财政部长于 1999 年 6 月在德国科隆提出的，目的是防止类似亚洲金融风暴的重演，让有关国家就国际经济、货币政策举行非正式对话，以利于国际金融和货币体系的稳定。二十国集团会议当时只是由各国财长或各国中央银行行长参加，自 2008 年由美国引发的全球金融危机使得金融体系成为全球的焦点，开始举行二十国集团首脑会议，扩大各个国家的发言权，它取代了之前的二十国集团财长会议。

二十国集团的成员

二十国集团的成员包括：八国集团成员国美国、日本、德国、法国、英国、意大利、加拿大、俄罗斯，作为一个实体的欧盟和澳大利亚、中国以及具有广泛代表性的发展中国家南非、阿根廷、巴西、印度、印度尼西亚、墨西哥、沙特阿拉伯、韩国和土耳其。这些国家的国民生产总值约占全世界的 85%，人口则将近世界总人口的 2/3。二十国集团成员涵盖面广，代表性强，该集团的 GDP 占全球经济的 90%，贸易额占全球的 80%，因此，它已取代 G8 成为全球经济合作的主要论坛。

【走近二十国集团】

二十国集团是布雷顿森林体系框架内非正式对话的一种机制，旨在推动国际金融体制改革，为有关实质问题的讨论和协商奠定广泛基础，以寻求合作并促进世界经济的稳定和持续增长。

二十国集团的主要活动

二十国集团自成立至今,其主要活动为“财政部长及中央银行行长会议”,每年举行一次。二十国集团没有常设的秘书处和工作人员。因此,由当年主席国设立临时秘书处来协调集团工作和组织会议。

会议主要讨论正式建立二十国集团会议机制以及如何避免经济危机的爆发等问题。与会代表不仅将就各国如何制止经济危机进行讨论,也将就国际社会如何在防止经济危机方面发挥作用等问题交换意见。

1999 年 12 月 15 日至 16 日,第一次会议暨成立大会,德国柏林;

2000 年 10 月 24 日至 25 日,第二次会议,加拿大蒙特利尔;

2001 年 11 月 16 日至 18 日,第三次会议,加拿大渥太华;

2002 年 11 月 22 日至 23 日,第四次会议,印度新德里;

2003 年 10 月 26 日至 27 日，第五次会议，墨西哥莫雷利亚市；

2004 年 11 月 20 日至 21 日，第六次会议，德国柏林；

2005 年 10 月 15 日至 16 日，第七次会议，中国北京；

2006 年 11 月 18 日至 19 日，第八次会议，澳大利亚墨尔本；

2007 年 11 月 17 日至 18 日，第九次会议，南非开普敦；

2008 年 11 月 8 日至 9 日，第十次会议，美国华盛顿；

2009 年 4 月 1 日至 2 日，第十一次会议，英国伦敦；

2009 年 9 月 24 日至 25 日，第十二次会议，美国匹兹堡；

2010 年 6 月 27 日至 28 日，第十三次会议，加拿大多伦多；

2010 年 11 月 11 日至 12 日，第十四次会议，韩国首尔；

2011 年 2 月 18 日至 19 日，第十五次会议，法国巴黎；

2011 年 11 月 3 日至 4 日，第十六次会议，法国戛纳；

2012 年 6 月 17 日至 19 日，第十七次会议，墨西哥洛斯卡沃斯。

二十国集团的相关报道

1.加拿大：防止债务危机恶化

作为峰会主席国，加拿大主张：各成员国应就未来5年将各自预算赤字至少减少50%达成一项协议，以防止主权债务危机进一步恶化；会议应发出明确信号，收紧刺激性支出，即当各国刺激计划到期后，将致力于重整财政，防止通货膨胀。

> **【走近二十国集团】**
>
> 以“复苏和新开端”为主题的二十国集团领导人第4次峰会于2010年6月26日至27日在加拿大多伦多召开。此次峰会正值世界经济出现好转趋势，但欧元区主权债务危机爆发又给全球经济走势增添诸多变数之际。在此背景下，与会的主要发达国家及发展中国家对这次峰会的立场受到国际舆论的高度关注。

加拿大还认为，应建立有效的金融调节国际机制，进一步提高银行资本充足率，以防止出现新的金融机构倒闭。不应由纳税人承担拯救金融机构的责任；加强世界银行、国际货币基金组织和多边开发银行的作用，支持国际货币基金组织配额改革，反对开征银行税，认为设立紧急资金是更好的选择。

此外，加拿大还表示，各成员国应承诺反对贸易保护主义，促进国际贸易和投资进一步自由化，确保经济复苏；增加对非洲的发展援助。

2.美国：巩固经济复苏势头

美国是世界头号经济强国，也是本轮金融危机的发源地。根据美国官方透露的信息，美国政府对此次峰会的主要立场包括：巩固经济复苏势头；整顿财政政策；加强金融监管，确立全球通用的金融监管框架。美国希望与各国探讨国际金融机构的治理改革等问题。

【走近二十国集团】

二十国集团的宗旨是为推动已工业化的发达国家和新兴市场国家之间就实质性问题进行开放及有建设性的讨论和研究，以寻求合作并促进国际金融稳定和经济的持续增长。

美国财政部官员说，中国日前宣布进一步增强人民币汇率弹性，其时机对二十国集团峰会“极有建设性”。欧洲宣布将公布对银行业进行压力测试的结果，这将有助于恢复市场信心。美方对这两项宣布感到鼓舞。

3.巴西：鼓励经济增长政策

根据从巴西外交部得到的消息，巴西将在二十国集团峰会上提出要求各国继续鼓励经济增长政策、加快金融市场调节机制建设的主张。

巴西认为，当年4月结束的世界银行改革“令人满意”，但在今后几年中还应在各国投票权上实现进一步平等。此外，峰会应从政治层面强调国际货币基金组织改革。

巴西政府主张二十国集团应发挥更大作用，因为当今世界，二十国集团已显示出了高效讨论各种重要议题的论坛作用。同时，二十国集团也需从主要讨论金融危机拓展到其他问题，如发展、能源和石油政策等。

4.俄罗斯：主张二十国集团机制化

俄罗斯曾经在峰会上就二十国集团机制化、推动国际审计体系改革、建立国际环保基金等具体问题提出一系列倡议。

梅德韦杰夫曾经在会见巴西总统卢拉后说，现在需要努力将二十国集团打造成一个常设机构，以便对国际经济关系产生实际影响。

梅德韦杰夫还在接见美国知名风险投资公司负责人时表示，原有的国际审计体系已经被破坏，俄罗斯目前正在制定改革这一体系的相关建议。他说，二十国集团峰会应对关于审计改革的议题进行讨论。

在防范金融风险方面，俄罗斯可能提出两套方案：一是开征银行税并建立专门的援助基金；另一方案是在发生危机时，国家向银行提供资金支持，但危机过去后，银行不仅要返回资金，还要支付罚款。

5.日本：期望发挥积极作用

日本外务省经济局局长铃木庸一则在记者会上表示，在发生国际金融和经济危机、新兴国家崛起等国际秩序发生变化的形势下，二十国集团是发达国家和新兴国家商讨合作解决全球问题的场所，日本可以继续为解决全球问题发挥积极作用。

【走近二十国集团】

铃木庸一说，从支撑世界经济回升、遏制贸易保护主义的观点出发，二十国集团首脑应表明努力实现多哈谈判早日达成协议的决心。

日本期望峰会能深入讨论如何应对全球性问题并达成一些协议，发达国家和新兴国家能够更多地开展合作，共同致力于解决经济、金融等方面的全球性课题。

6.南非：希望从国际贸易中受益

对于二十国集团峰会，南非政府希望在峰会上重申，南非将与其他国家加强贸易进出口联系，以使其在国际贸易交往中受益。对此，南非方面呼吁重建世界贸易经济交往秩序和规则，予以发展中国家新兴经济体以更多的优惠与权利，与其他发展中国家携手重建世界贸易新秩序。

南非经济学家马丁·戴维斯认为，二十国集团峰会本是西方世界的产物，如今以中国、南非、巴西、印度等新兴经济体为代表的发展中国家需要联合起来，打破国际经济旧秩序，建立更加平衡、公平、长效、利于世界经济全面复兴的新国际经贸秩序。

【走近二十国集团】

在推进国际金融监管改革方面，欧盟将力主就征收银行税达成协议。除此之外，欧盟还提出要在峰会上探讨征收全球金融交易税的可能性。

7.欧盟：实施退出策略需加强协调

对于欧盟来说，在实施退出策略上加强国际协调和继续推进国际金融监管改革，将是其在峰会上的两大核心主张。

欧盟曾经掀起了一股财政紧缩浪潮，但在如何巩固财政和维护经济复苏之间求得平衡的问题上与美国产生分歧。在退出问题上美欧如何协调将是多伦多峰会的一大看点。

8.印度：征银行税不适合印度

印度政府官员表示，在峰会上，新兴经济国家与发达国家在如何促进世界经济复苏的问题上将产生不同意见。

各国应对金融危机的情况不同，经济增长形势不同，西方国家必

须认识到这一点。

印度官员指出，欧盟目前被一些成员国的财政赤字和债务危机所困，法德两国都希望收缩开支。但德国如果采取财政紧缩政策，它可能会陷入双重经济衰退，而且整个欧盟的经济也将随之收缩，这不利于世界经济复苏。

印度官员同时表示，美国政府最近提出要征收银行税和加强对银行的政策限制，西方很可能要求印度等国也采取类似措施，但这并不适合印度，因为印度的金融体系相当健康。

9.中国：谨慎决策防范风险

中国外交部副部长崔天凯曾经在媒体吹风会上说，多伦多峰会是二十国集团峰会机制化后的首次峰会，具有承前启后的重要意义。中方希望有关各方维护二十国集团信誉与效力，巩固该集团国际经济合作主要论坛的地位。

中方在此次峰会上强调，为推动全球经济稳定复苏，各国应保持宏观经济政策的连续性和稳定性；根据各自国情谨慎确定退出战略的时机和方式；在致力于经济增长的同时防范和应对通胀和财政风险；反对贸易和投资保护主义，促进国际贸易和投资健康发展。

中方还指出，为实现全球经济强劲、可持续增长，发达国家应采取有效措施解决自身存在的问题，以减少国际金融市场波动；发展中国家应通过改革和结构调整，以促进经济增长。

【走近二十国集团】

二十国集团还为处于不同发展阶段的主要国家提供了一个共商当前国际经济问题的平台。同时，二十国集团还致力于建立全球公认的标准，例如在透明的财政政策、反洗钱和反恐怖融资等领域率先建立统一标准。

集团宗旨

二十国集团属于非正式论坛，旨在促进工业化国家和新兴市场国家就国际经济、货币政策和金融体系的重要问题开展富有建设性和开放性的对话，并通过对话，为有关实质问题的讨论和协商奠定广泛基础，以寻求合作并推动国际金融体制的改革，加强国际金融体系架构，促进经济的稳定和持续增长。

2011巴黎G20财长会议

全球瞩目的二十国集团财政部长和央行行长会议于当地时间2011年10月15日在法国巴黎闭幕，此次会议是在全球经济尤其是欧债危机深度演化的背景下召开的，吸引了各方关注。

会上，各成员国财政领袖支持欧洲方面所列出的对抗债务危机的新计划，并呼吁欧洲领导人在23日举行的欧盟峰会上对危机采取坚决行动。

此外，与会各方还通过了一项旨在减少系统性金融机构风险的大银行风险控制全面框架。

在本次财长会上，全球主要经济体对欧洲施压，要求该地区领导人在当月23日的欧盟峰会上“拿出一项全面计划，果断应对当前的挑战”。

呼吁欧元区“尽可能扩大欧洲金融稳定基金(EFSF)的影响，以便解决危机蔓延的问题”。

有海外媒体报道称，欧洲官员正在考虑的危机应对方案包括：将希腊债券减值多达50%，对银行业提供支持并继续让欧洲央行购买债券等。

决策者还保留了国际货币基金组织(IMF)提供更多援助，配合欧洲行动的可能性，但是对于是否需要向IMF提供更多资金则意见不一。

当天的会议还通过了一项旨在减少系统性金融机构风险的新规,包括加强监管、建立跨境合作机制、明确破产救助规程以及大银行需额外增加资本金等。

根据这项新规，具有系统性影响的银行将被要求额外增加 1%至 2.5%的资本金。

二十国集团成员同意采取协调一致措施,以应对短期经济复苏脆弱问题,并巩固经济强劲、可持续、平衡增长基础。所有成员都应进一步推进结构改革,提高潜在增长率并扩大就业。

金融峰会

二十国集团金融峰会于 2008 年 11 月 15 日召开，作为参与国家最多、在全球经济金融中作用最大的高峰对话之一,G20 峰会对应对全球金融危机、重建国际金融新秩序作用重大,也因此成为世界的焦点。

金融峰会将达成怎么样的结果？对今后一段时间的全球经济有何推动？对各大经济体遭受的金融风险有怎样的监管和控制？种种问题,都有待回答。

第一,拯救美国经济,防止美国滥发美元

目前美国实体经济已经开始衰退,为了刺激总需求,美联储已经将基准利率降到了 1%,并且不断注资拯救陷入困境的金融机构和大型企业,这些政策都将增加美元发行,从而使美元不断贬值。

【走近二十国集团】

如何拯救美国经济,防止美国滥发美元；要不要改革IMF，确定国际最后贷款人;必须统一监管标准,规范国际金融机构活动。这里对峰会做出的三大猜想,一定也有助于读者更好地观察二十国集团金融峰会的进一步发展。

美元是世界货币，世界上许多国家都持有巨额的美元资产，美国滥发货币的行为将会给持有美元资产的国家造成严重损失。因此，金融峰会最迫在眉睫的任务应是防止美国滥发货币，而为了达到这个目的，各国要齐心协力拯救美国经济，这集中体现在购买美国国债上。

截至2008年9月30日，美国联邦政府财政赤字已达到4548亿美元，达到了历史最高点，因此，美国财政若要发力，需要世界各国购买美国国债，为美国政府支出融资。因此，G20的其他成员要步调一致，严禁大量抛售美国国债，只有这样，才能稳住美国经济，自己手中的美元资产才能保值增值。

第二，改革IMF，确定国际最后贷款人

查尔斯·金德尔伯格在其脍炙人口的《疯狂、惊恐和崩溃：金融危机史》里指出，最后贷款人对解决和预防金融危机扩散至关重要。如果危机发生在一国之内，该国的中央银行可以充当这一角色，但是如果其演变为区域性或全球性金融危机，就需要国际最后贷款人来承担这一角色了。

1944年成立的国际货币基金组织（IMF）就是为了稳定国际金融秩序而建立的一个国际最后贷款人。但是，IMF本身实力有限，只能帮助应对规模较小的金融危机，而且一直受美国利益的支配，在援助受灾国的时候，往往附加苛刻的政治条件，限制了受灾国自主调控经济的自主性，往往在解决金融危机的同时导致严重的经济衰退。

【走近二十国集团】

在国际范围内，既不存在世界政府，也没有任何世界性的银行可以发挥这种功能，但是如果G20能够达成一种世界性的协议，共同应对更大规模的危机（例如由美国次贷风暴所引发的金融危机），将成为一种次优选择。

在这次峰会中，G20其他成员，尤其是新兴经济体将更多地参与到IMF改革中来，包括要求更多的份额、在决策中拥有更多的发言权等。但是IMF的问题还不止于此。IMF成立之初主要为了应对贸易赤字所带来的国际收支失衡,但是今天的问题是资本流动成了影响一国国际收支的主要因素,在巨量的资本流动面前,IMF 发挥的“救火”功能十分有限。在这种情况下,应确定规模更大的、协调功能更好的、能应对巨额资本流动冲击的国际最后贷款人。

第三,统一监管标准,规范国际金融机构活动

这次危机的根源之一是美国金融监管过度放松。作为金融全球化的主要推动者,美国对其金融机构和金融市场创新的监管越来越宽松,在这种宽松的环境下,其投资银行、商业银行和对冲基金等金融机构高杠杆运营,在全球其他国家攻城略地,屡屡得手。例如,1992 年的英镑和里拉危机,1997 年的亚洲金融危机,在很大程度上都是对冲基金兴风作浪的结果。由于这些机构在全球运行,可以通过内部交易或者跨国资本交易来逃避世界各国的金融监管,因此,统一监管标准,规范国际金融活动,就成了除美国之外,G20 其他成员的共同心声。美国也想加强金融监管,但是它更清楚要掌握监管

规则制定的主动权。如果放弃主动权,美国在国际金融体系中的霸权地位将会被极大撼动,这是美国金融资本所不愿看到的,而这也恰恰是G20其他成员的金融资本所诉求的。欧盟成员国在这个问题上早早表明了立场,预计在金融峰会上,美国或者置之不理,或者与G20中的欧盟成员国展开一番唇枪舌剑。经济和政治犹如一对孪生兄弟,如影随形。这次金融峰会不光要应对全球经济危机,更关系到美国相对衰落之后的全球利益调整。这个讨价还价的过程不是一次金融峰会就可以解决的,未来更多的峰会将接踵而来。目前,中国是世界上仅次于美国的第二大经济体,拥有全球最多的外汇储备,其他各国都盯住了中国的"钱袋子",更加关注中国的动向。中国应抓住这次世界经济和政治格局调整的机会,主动发挥大国的作用,参与国际规则的制定,为中国的崛起、为全球金融和经济的长治久安做出自己的贡献。

【走近二十国集团】

二十国集团成员涵盖面广、代表性强,该集团的GDP占全球经济的90%,贸易额占全球的80%,因此已取代G8成为全球经济合作的主要论坛。

第一章　土地扩张中的迅速崛起

阿根廷共和国是位于南美洲南部的一个联邦共和制国家，与智利、玻利维亚、巴拉圭、巴西等国相接壤，东南面向大西洋。它是拉丁美洲面积第二大国，世界面积第八大国。

财富小百科

冒险是有代价的。要知道世界上绝没有万无一失的赚钱之道。那如何规避风险呢？就需要在“胆大”的同时还要“心细”。

赚钱需要胆大，这一点是毫无疑问的，但也需要心细。克劳塞维茨在其大作《战争论》中指出：一个优秀的将军，勇气与谋略应该平衡发展。勇大于谋，会因为轻举妄动而导致失败；谋大于勇，会因为保守而贻误战机。

商场如战场，这个观点同样适合于厮杀在商业战场上的人们。勇敢不是瞎撞乱闯，而是以自身知识和经验为后盾，凭高屋建瓴的远见卓识、果敢迅猛的冒险精神，当机立断地做出决策并付诸实施。

第一节　崛起的阿根廷

1816年，阿根廷各省代表在图库曼集会，宣布从西班牙独立，建立一个他们称为拉普拉塔联合省的国家；然而，和平和宁静并没有回到这个饱受战争蹂躏的地区。仓促成文的阿根廷宪法规定了国民议会、各省权利、缺乏活力的行政权（有个主席掌舵）、更弱的司法权。这甚至被所有人都忽略。

实际上，在革命时期，考迪罗们组织了自己的民兵，对各省实行铁腕统治。每个省的强人都不信任邻省的同僚，在无数次反对其邻省的军事行动中缔结和打破盟约。这些独裁领导人不容忍反对派的存在，更愿意使精英家庭至少保持中立，他们很多人出身于这样的家庭。但他们为保持权力并没有超过威胁极少数特权阶层，一切皆出于一个自私、起反作用的努力，即“挽救社会秩序”。选举过程虽已经开始操作，但直到19世纪末才取得合法性，随后又伴随着操纵选票。在这种情况下，阿根廷的国家政治生活一开始就没好兆头。

然而，阿根廷成功地为建立一个现代化国家打下了基础。他们重新调整了地区经济政策：摆脱死气沉沉的玻利维亚矿产业，转向大量出口农牧产品的大西洋贸易。阿根廷不断扩大的皮革和羊

【走近阿根廷】

阿根廷共和国（西班牙语：Rep ú blica Argentina）是位于南美洲南部的一个联邦共和制国家，与智利、玻利维亚、巴拉圭、巴西等国相接壤，东南面向大西洋。它是拉丁美洲面积第二大国，世界面积第八大国。

毛贸易为边疆扩张、融入世界经济和生产力的显著提高提供了资金。经济增长最终对各省之间建立友好关系做出了贡献。到1853年，阿根廷有了一部与其政治现实更相符的宪法。经历了反对巴拉圭、与印第安人决战这两场战争后，阿根廷形成了一支国家军队，最终使制造分裂的地方民兵消失了。

在经济增长和政治统一的艰难过程中，阿根廷也开始为其不断增长的人口创造机遇。然而，在决定如何分享经济增长和国家建立所带来的机遇时，阿根廷无法改变其殖民时代的思维。政治家继续将公众的信任置于为自己和政治集团内部谋取私利之后。边疆地带定居点不断扩大，巩固了地主精英阶层的权力，尽管他们在经济上充满活力，但在社会观念上仍旧保守。因此，经济繁荣与剥夺农村有色居民——梅斯蒂索人、穆拉托人和黑人经济机会的有效压制并行。欧洲移民仍然享受到比本土工人更大的社会流动性，在后革命时代，新殖民主义的社会习俗并未消失。

第二节　分裂与考迪罗式的政治

【走近阿根廷】

阿根廷首都为布宜诺斯艾利斯。阿根廷和英国在马尔维纳斯群岛存在主权争议，目前属英国支配中。同时阿根廷还主张拥有南极大陆上100万平方公里的土地主权。

布宜诺斯艾利斯谋求宣称其与生俱来的革命和经济权力，支配分裂的其他各省。首都的那些政府首脑们假称为了国家，利用其商业地位来强化这一主张。他们反复发布法令，要求所有与欧洲的贸易都要经由布宜诺斯艾利斯，派港口的小规模海军管理巴拉那河和乌拉圭河上的贸易。在外省人看来，似乎19世纪早期的布宜诺斯艾利斯在用西班牙国王曾经对待

殖民时期布宜诺斯艾利斯的方式来对待他们。

此外，港口的政治家之间也意见不合，相互算计。布宜诺斯艾利斯的政治旋涡迫使每届政府领导人在其任期未满就离开办公室。大多数政府领导人在受困状态下，使用紧急的、超宪法的权力进行统治。1819年早期，革命民兵领导人胡安·马丁·德普埃伦东（Juan Mart í n de Pueyrredón）离开拉普拉塔联合省主席之职后，何塞·龙多（Josó Rondeau）接替了他。第二年，由于在帕翁（Pavón）之战中对抗恩特雷里奥斯和圣菲组成的联合部队时失利，何塞·龙多也失去了职位。1821年，击败龙多的两个考迪罗领导人弗朗西斯科·拉米雷斯和埃斯塔尼斯劳·洛佩斯（Estanislao López）发生了争吵，洛佩斯杀死了拉米雷斯。1826年，这个时期唯一的非军事人物贝尔纳迪诺·里瓦达维亚（Bernardino Rivadavia）宣布就任联合省主席。他雄心勃勃地制定了许多“改革”法案，完全脱离了阿根廷的政治节奏，惹恼了内陆省的考迪罗省长，使其家乡布宜诺斯艾利斯省的地主们开始抱有敌对态度，他在位不到两年就辞职了。

阿根廷圣徒——逝去的科雷亚的来历

阿根廷独立后几十年里内乱不断，给人民和国家带来巨大灾难。世事艰难，出现了一些平民的守护圣徒。墨西哥人有他们的瓜达卢佩圣母，阿根廷人今天也有他们的母亲形象——逝去的科雷亚。梵蒂冈和阿根廷天主教会官方都不承认逝去的科雷亚，但这并不妨碍每年有60万热爱她的人去拉里奥哈省安第斯山丘，拜望遥远的圣祠。

德奥琳达·科雷亚夫人是19世纪上半叶无休止的内战的受害者。19世纪40年代的某个时候，科雷亚带着她襁褓中的儿子，追随丈夫的部队穿越荒芜的沙漠。在路上，她又累又饿，死于中暑。传说赶骡人后来发现她的尸体时，她的儿子还活着，在吮吸她的奶。这个现象被解释为代表母爱的奇迹，这个传说在整个地区口耳相传。很久以后，1895年，有些牧民在沙尘暴中丢失了牛，乞求逝去的科雷亚的帮助。第二天，牛群奇迹般重现。为了表示感激，牧牛人在埋葬她遗骸的山丘上建了一座纪念碑。

今天，在整个阿根廷，旅行者和卡车司机在路边的小圣祠驻足，膜拜逝去的科雷亚，他们点起一支蜡烛，请求帮助。那些想要特别恩惠的人——亲人的健康、大学考试通过、一辆新车，会去坐落在安第斯山脉一个山丘上的原圣祠祈福。几千年前，那个地区的印第安人在同一个圣祠向大地母亲女神（Pachamama）祈祷。

【走近阿根廷】

阿根廷受益于丰富的自然资源、高度受教育的人口、出口导向的农业部门以及多样的工业基础，因此在历史上有一个相对于其他拉丁美洲国家庞大的中产阶级，但在经历了一系列的经济危机后逐步萎缩。

政变、内部敌对行动、政治动乱、软弱的领导，这一系列令人精疲力竭的状况，在19世纪20年代阿根廷的每个省都是如此。用一句话足以概括，19世纪考迪罗式的政治与不稳定的政治领导权、暗杀、政变和反政变、内乱、对批评者的威胁和无视宪法联系在一起。这种特点一直持续，甚至直到今天仍然起作用。大多数阿根廷公民能够举出许多例子，讲述发生在20世纪后15年的考迪罗式政治。

所有的人都无法逃脱拉普拉塔地区革命和内战的影响。军事征兵从城市和农村招募了成百上千个平民阶层青年。开小差的人变成了土匪，他们捕食牛群、骚扰商业路线，或者混迹于印第安人中。高乔军队围攻蒙得维的亚，入侵巴拉圭和玻利维亚。效忠派（loyalist）的军队一撤退，由于爱国政治家们想捞到好处，武装派别之间开始刀枪相见。由于长期受到西班牙人的侵入，潘帕斯平原上的印第安人借混乱之机袭击农村定居点和大车队。商人们不得不支付强制的贷款和额外的税收，地主的牛被偷抢、农村妇女被

印第安人绑架，城市妇女眼睁睁看着她们的丈夫被带走当民兵。

【走近阿根廷】

“阿根廷”与“拉普拉塔”两词意义相同，均为“白银”。1527年，西班牙探险家塞瓦斯蒂安·卡沃托率领一支远征队到达南美大陆后，从一个宽阔的河口溯流而上，深入到内地。探险家们发现当地印第安人佩带着很多银制的饰物，以为当地盛产白银，便将这条河命名为拉普拉塔河，把这一地区称为拉普拉塔区。

1825年，布宜诺斯艾利斯在东岸省与1822年宣布从葡萄牙独立的巴西帝国展开了一场旷日持久的战争。更多的军事征用、开小差和土匪劫掠接踵而来。直到曼努埃尔·德·罗萨斯（Manuel de Rosas）出现，成为布宜诺斯艾利斯省的省长，才在某种程度上终止了19世纪上半叶的政治不稳定。然而罗萨斯只控制了他的家乡所在的省，为了继续执政20年，他不得不完善考迪罗式的政治，而不是告别它。

难怪曾经繁荣的拉普拉塔殖民地经济没落了。玻利维亚人停止在波多西开采富矿，那里曾经是内陆省运输和生产以及布宜诺斯艾利斯商业的发动机。考迪罗们带着自己的骑兵部队接管了省政府，向敌人征税，在省界上设立关卡。内陆省的陆路贸易停滞了，水路贸易也显著下降。1840年，一个图库曼居民回忆说，在这之前的30年，除了“灾难和不幸”什么都没有。“经过这么多年的混乱之后，在这些（内陆省的）人民不得不在战争中做出牺牲后”，他写道，“他们仍然淹没在最可怕的苦难中，为了恢复正常的生活，他们需要很多年的和平和安宁”（Szuchman and Brown 1994，241）。在许多阿根廷人看来，在革命和内战中，成为独立国家长期的报答一定是经济匮乏。

第三节 布宜诺斯艾利斯的国际贸易

在这个新独立的国家,有一个地区比其他地区的地理位置更优越,能够更快地从革命后的经济和社会动乱中恢复。布宜诺斯艾利斯港口及其西部、南部的大草原相当于长期经济衰退的一个避风港。尽管河岸各省甚至是内陆的科尔多瓦和图库曼最终都参与到拉普拉塔河河口新的对外贸易中来,但布宜诺斯艾利斯省获取了大部分利益。

18世纪后期,与牛有关的产业已经在东岸省(今天的乌拉圭)大规模地发展起来。东岸省水量充沛、人口稠密,比布宜诺斯艾利斯海岸更好地受到保护,免受印第安人的抢劫。蒙得维的亚和科洛尼亚成为收购出口皮革的重要商业中心。沿岸的大牧场擅长饲养牛,生产了大量用于出口的牛皮。最早的大屠宰厂开始加工牛皮、腌制供出口的牛肉。许多巴拉圭牛仔是瓜拉尼族印第安人,他们精通骑马和套索,把女人和家庭留在巴拉圭,在东岸省游荡,不断地从事一份

又一份放牛工作。然而，东岸省比布宜诺斯艾利斯省更大程度受到革命的破坏。阿根廷和巴西之间的战争进一步阻碍了畜牧经济在这块富饶而不幸的大地上恢复。因此，19世纪上半叶，布宜诺斯艾利斯在产牛方面几乎没有什么竞争对手。

【走近阿根廷】

1816年7月9日，拉普拉塔省宣布独立，并将国名正式定为阿根廷。阿根廷一词源于拉丁文，不仅是指具体意义上的白银，同时寓意“货币”、“财富”。这块广袤的土地上虽不产白银，但有着肥沃的土壤，丰茂的草原，良好的气候，这使阿根廷成了“世界的粮仓和肉库”，财富滚滚而来。因此，把这个国家称之为“阿根廷”，真是再恰如其分不过了。

因为布宜诺斯艾利斯是世界上最重要的畜牧原料供应地之一，所以其惊人的商业增长成为19世纪欧洲工业主义的一部分。港口管理一直是初级的，没有改善，然而越来越多的远洋轮船冒着航程危险，来到浅水河口。同样，海岸牧场生产的出口产品也增加了，甚至顶住了该地区的政治不稳定和外国对港口的四次封锁，增进了商业的繁荣。19世纪上半叶也见证了非西班牙人，特别是与工业市场有重要联系的英国商人争夺进出口贸易。他们承担风险并且收获了这一时期的商业利润。

然而，仅仅把布宜诺斯艾利斯看成是一个贸易受英国或者甚至工业市场支配的亚商业中心，将会是错误的。的确，整个地区的繁荣依靠对外贸易，并且大部分贸易是与北大西洋的工业国家进行。然而，非工业国家——巴西、古巴、意大利和西班牙也占有布宜诺斯艾利斯重要的出口份额。1830年英国航运一枝独秀的初始阶段结束后，大不列颠对布宜诺斯艾利斯贸易运输的控制权丢给了其他国家的船只。根据1849年至1851年从布宜诺斯艾利斯通关船只的目的地判断，这个地区的畜牧产品出口的客户群呈现多元化。

根据今天的航运标准衡量，布宜诺斯艾利斯港是个非常糟糕的国际商业货物装卸地。吨位在150～300吨之间的帆船不得不来回抢风穿越河口沙洲，冒险行进几乎190英里到达这个城市。从利物浦出发到这里要用大约70天，从纽约大约用80天。接近这个港口时，外国水手看到那些二层灰泥房子在岸边绵延1.25英里，形成了这个城市间或被教堂尖顶打断的天际线。黑人和穆拉托人洗衣女工、殷实港口家庭的仆人和奴隶每天排成一行，在岩石上搓洗衣物。第一眼看到布宜诺斯艾利斯并不能给人留下深刻印象。

装卸货船像天际线一样不起眼。浅水阻止大木帆船在离岸边3.5英里近的地方停泊。水手们不得不来来回回地穿越滩涂，用驳船转运旅客和货物。然后，旅客和货物从驳船转移到马车上，马车被拖进海水三分之一英里。为了避免海水浸入车床，每个大车的木轮都高达近13英尺。正如旅行者所描述的，整个港口一派喧闹混乱：“沙滩和水

【走近阿根廷】

阿根廷人口增长迅速，1850年人口只有110万，1900年467.3万，1930年1493.6万，2000年3780多万，2010年4000万。主要民族是欧洲人和印第安人，其中白种人占97%，多属意大利和西班牙后裔。是南美洲各国白种人比率最高的国家。城市人口占五分之四。混血种人、印第安人及其他人种占3%。官方语言为西班牙语。居民87%信奉天主教，其余的信奉新教及其他宗教。

面都被大车覆盖……来来回回地从挡在路上的船上运送货物，高乔人骑在马上，手拿皮子编成的套索，系在马的缰绳上，帮助需要的大车拖车。”（Videl 1820，61—62）

【走近阿根廷】

布宜诺斯艾利斯Buenos Aires是拉美最繁华的都市之一，西班牙语意为“好空气”。该市位于拉普拉塔河西岸，风景秀美，气候宜人，有“南美巴黎”之称。市内以街心公园、广场和纪念碑众多而著名。城市建筑多受欧洲文化影响，至今还保留有几个世纪前的西班牙和意大利风格的古代建筑。有人口278万（2001年），包括近郊19个区的大布宜诺斯艾利斯市共1383万人（2001年）。

这个时期布宜诺斯艾利斯的经济发展是非典型的，因为它没有只依赖一两种主要产品的单一出口经济。牛皮在整个时期都是主要贸易商品，但在19世纪50年代末，它作为首要出口产品的地位被粗羊毛取代。在兽脂、马皮和骨头贸易上，大不列颠仍然占据很大份额。美国、德意志各邦国和法国成为阿根廷粗羊毛和盐渍牛皮的好主顾。法国和北美进口了这个地区的大部分羊皮。而拉普拉塔地区生产的所有腌牛肉在古巴和巴西找到了市场，那里的奴隶主买阿根廷牛肉供应给人数不断增长的奴隶。

19世纪早期，英国垄断了进口市场，但其他国家产品所占的份额逐渐增加。曾经一度有人说，布宜诺斯艾利斯街头人们穿的衣服是曼彻斯特和兰开夏(Lancashire)制造的。英国的五金器具、陶器、餐具甚至在布宜诺斯艾利斯省乡村都很普遍。然而，随着这个世纪中期的到来，法国船只带来了制造精良的服装制品、香水和葡萄酒，热那亚和加的斯送来了意大利和西班牙的葡萄酒。从汉堡运来铁制品、杜松子酒和袜子，巴西供应了蔗糖。来自巴尔的摩和费城的美国商人运来木材和面粉，由于农村缺乏劳动力，阿根廷农业经济中小麦产量不大。

富裕的西班牙商人和克里奥尔商人曾经主导殖民时期布宜诺斯艾利斯的进出口贸易，1810年后不久，一群与北美市场有联系的非西班牙商人取代了他们。主要是英国商行，但并没有排斥居住在拉普拉塔地区的法国、德意志和美国商人。与克里奥尔商人相比，他们的优势在于与海外市场的联系，以及可以获得大量资本，组织世界范围内的商品流

动。与西班牙商人不同，如上一代的马科·德·庞特，这些外国商人缺乏整个地区内的亲属商业联系，因此依靠二级土生港口商户进行销售。牧场生产成为本地投资的一个重要渠道。殖民地的许多商业世家投入资金养牛。同样，本地商人负责组织农产品出口。一些外国企业家在农业生产上的投资取得成功，特别是把欧洲的种羊引进到潘帕斯。

【走近阿根廷】

阿根廷是拉美地区综合国力较强的国家。工业门类较齐全，农牧业发达。2002年杜阿尔德总统上台后，采取暂停偿还外债，取消固定汇率制等举措，但阿经济仍在低谷徘徊，以美元计价的国内生产总值严重缩水，当年经济增长率为-11%。

然而，外国投资有严重局限性。国内运输、零售、加工、养殖、种植依靠相对较小的克里奥尔人和移民的投资得到发展。布宜诺斯艾利斯的经济扩张证明了中小规模投资的合理性，外国投资者很快就接受了这个教训。1824年，在里瓦达维亚（Rivadavia）政府同意偿还的情况下，一家英国投资银行巴林银行（the House of Baring）——发行了100万英镑的债券。然而，政客们很快把贷款滥用于和巴西开战，其继任者看不到偿还贷款的好处，即使是缴

纳利息。这标志着阿根廷第一次拖欠外债。与此同时，住在布宜诺斯艾利斯港的外国人和几个港口人尝试着在阿根廷建立了一个投资银行——布宜诺斯艾利斯省银行（the Banco de la Provincia de Buenos Aires）。他们回应了欧洲人对安第斯地区老银矿复兴的狂热。伦敦的投机者在这个地区的两个开采公司投入巨额资金，这两个公司在1826年的金融恐慌中都倒闭了。此后不久，布宜诺斯省银行开始发行纸币，这些纸币很快贬值，在阿根廷开始产生了通货膨胀的旋涡。19世纪20年代中期的这次金融崩溃阻拦了未来的国际投资，限制了外商对进出口贸易、一些商铺和养羊牧场的管理。

在独立后的头40年里，由于外国列强的海军四次封锁布宜诺斯艾利斯港，通过港口的对外贸易出现周期性下降。一个驻扎在蒙得维的亚的西班牙海军舰队1811年至1816年封锁了布宜诺斯艾利斯港。在争夺东岸省的战争中，1827年和1828年，一个巴西舰队包围了这个港口。10年

后，法国人封锁了布宜诺斯艾利斯。英国舰队实施了最后一次封锁，那是在1845年至1848年，试图迫使省政府开放巴拉那河的国际航运。这几次封锁都没有完全成功。英国人打破了最早的西班牙人的封锁，忽略了其他几次。扬基佬货主后来很高兴混过英国人的封锁。“每个星期都有美国船打破封锁，为其主人赚钱”，一个外国商人观察到，“而几乎没有一个英国人做这种尝试”（Brand 1828，34）。尽管外交分歧伴随着政治动荡，这个地区的贸易仍在继续，每次海上封锁之后都有更大程度的恢复。

布宜诺斯艾利斯是19世纪早期拉丁美洲最令人惊叹的经济成功故事之一。即使在内陆省份内乱纷争继续的时候，港口的外贸额仍在上升。19世纪头10年，每年大约有100多艘外国船只驶入布宜诺斯艾利斯港。到19世纪20年代和19世纪30年代，平均每年增加到280艘。19世纪40年代，每年抵达布宜诺斯艾利斯港的船只达到452艘，到19世纪50年代达到674艘。尽管经历了内战、河流封锁和外国的纠缠，来往布宜诺斯艾利斯的河运也一直在增加，直到19世纪中期。

牛皮和牛的副产品的市场蓬勃发展，布宜诺斯艾利斯的养牛业也是如此。为了满足不断增长的需求，一个新的加工行业在港口发展起来。布宜诺斯艾利斯的南郊建起了屠宰腌制厂（saladero），加工牛皮和腌肉。牛仔把牛群从乡下赶到这些加工厂。到1825年，布宜诺斯艾利斯的40多个加工厂每年屠宰7万头牛。随着19世纪30年代和19世纪40年代的贸易

【走近阿根廷】

基什内尔总统执政后，加强国家宏观调控，实行审慎的财政和货币政策，严肃金融纪律，增收节支，鼓励出口；积极解决债务问题，实现有利于阿恢复经济发展的债务重组。随着外部经济环境趋好，阿经济迅速强劲复苏，连续4年实现年均9%左右的快速增长。

扩大，这个行业也扩大了。到19世纪中期，屠宰腌制厂每年加工超过30万头牛和马。这些加工厂把屠宰牛变成了高效的生产过程，但没有摈弃牛仔的传统技艺、马、套索和法孔（facón）——阿根廷人常见的一种长刀的名字。“屠宰腌制厂的整个景象可怕而且令人作呕”，查尔斯·达尔文观察到，“地面几乎是用尸骨做的；马和骑手浑身都被溅出的血浸透了”（Darwin 1858，104）。

第四节　养牛牧场的扩张

19世纪早期，当一点点和平终于降临的时候，殖民地的养牛场或牧场，发展成为一个复杂企业。实际上，牧产品的生产和销售支持了一个多元化农村社会的发展。种植业远没有被挤压出土地，事实上，由于布宜诺斯艾利斯城市市场的增长而扩大了。商业增长在农村创造了一些真正的大庄园，但是由于对效率的需求更多地要求使用资本和管理而不是土地，这些起初把边疆向南推移、拥有大量土地的庄园面积减少了，所有权分散了。19世纪上半叶阿根廷经济的改善催生了布宜诺斯艾利斯周围潘帕斯平原上的农村社会，它充满活力，蓬勃发展，经济和社会机遇开放，尽管带有殖民风格的歧视。

牛皮、羊毛、腌肉和兽脂的出口不断增长，为农村发展提供了催化剂。潘帕斯平原的人口增长甚至超过了布宜诺斯艾利斯城。在1820年至1860年之间，城市居民年增长率为1.5%，而农村年平均增长率达到了3.4%。1822年，布宜诺斯艾利斯市有5.5万多个居民，而这个省的其他地区有6.3万个；1855年，这个城市人口增长到9万，农村增长到接近18.4万人。没有什么比养牛产业范围的不断扩大更能表现出这种增

【走近阿根廷】

工业门类较齐全，主要有钢铁、电力、汽车、石油、化工、纺织、机械、食品等。工业产值占国内生产总值的1/3。核工业发展水平居拉美前列，现拥有3座核电站。钢产量居拉美前列。

长和多样化的特点。

未来的养牛场场主最初从布宜诺斯艾利斯省政府获得他们在潘帕斯平原上的土地。如同在殖民时期,只需要宣布一块土地是空地(tierras baldias)就足以向当局申请登记所有权。19世纪20年代,贝尔纳迪诺·里瓦达维亚领导的改革派政治家制订了一个称为租地(emphyteusis)的计划,在这个计划中,政府把边疆的土地出租而不是送给私人业主。根据租地法,政府向个人分配了大片的土地,分成有30、60和100平方里格(一里格等于3.54英里)。平均授地5~10里格,外国人和本土出生的居民都可以得到授地。然而,收地租被证明几乎是不可能的,因此当胡安·曼努埃尔·德罗萨斯就任省长后,他把土地以很宽松的条件给了佃户和政治上的朋友。有人用牛和马支付。罗萨斯省长也向参加边疆战争攻打印第安人的士兵授予土地。由于没有钱在土地上投资,士兵们把他们的小块授地卖给了投机

者。只有印第安人争夺的辽阔丰饶的原始大草原，鼓励了大规模地授予未开发的土地。19世纪中期，布宜诺斯艾利斯最南端边疆牧场的面积测量为2.2万～7.4万英亩。

【走近阿根廷】

机器制造业具有相当水平，其生产的飞机已打入国际市场。食品加工业较先进，主要有肉类加工、乳制品、粮食加工、水果加工和酿酒等行业。阿是世界葡萄酒主要生产国之一，年产量30亿公升。

从一开始，商业的增长带动了私人土地销售市场的活跃。布宜诺斯艾利斯省土地的价格根据其产品的价值上升。1800年价值1角5分一公顷的土地到1837年卖3个金比索，到19世纪中期卖30个金比索（金比索是个名义上的价值尺度，并没有物理形式存在，大多数钱实际上是以贬值的纸比索形式换手，但由于纸币的价值波动快，通常是下降，许多商人用稳定的工具黄金约定长期合同，他们指定以金比索为单位）。

很自然，土地价值的上升推动了牧场主人改善自己的产业。牧场主修建木畜栏、工人住的棚屋、存储屋和动物窝棚、牛车、主

人和管家的住处，也许甚至建一个乡间杂货店（pulper í a），他们还挖沟渠保护麦田和苜蓿地，种植果树。租约也成为牧场主人和生产者之间的常见安排。

由于土地利用更加集约，劳动力的缺少鼓励庄园主把庄园的一部分土地出租给愿意自己耕种的家庭，以此使利润最大化。出租土地使庄园主免除了不得不用昂贵的雇佣帮手种庄稼或照料奶牛。外国人是租客的首选，正如愿意雇佣他们充当杂货店经理（pulperos）一样。因为征兵只适用于本国出生的男性，外国人无须服兵役，工作起来会稳定、有连续性。对粗鲁、独立的高乔人有偏见也起了一定作用。如同殖民时期一样，欧洲移民上升到一个本土出生的梅斯蒂索人和穆拉托人无法进入的中等社会地位。由于租客的种植收入高于他们生存所需，尽管地价上涨，移民仍最终有机会买下自己的一块土地。

由于传统的农牧业技术限制了土地利用效率的提高，19世纪阿根廷养牛业需要依靠拥有大规模土地的庄园进行生产。当土地从用来养牛变成养羊，又从养羊变成种植作物，由于生产变得更集约，农村庄园在土地利用效率提高的同时，面积也缩小了。地主们把大庄园的部分土地出售，或者在子女中进行分割。整个19世纪早期，这种原先庞大庄园的分散化进程一直在潘帕斯平原持续。

【走近阿根廷】

阿根廷国土面积的55%是牧场，农牧业发达，畜牧业占农牧业总产值的40%。全国牲畜的80%集中在潘帕斯大草原。阿是世界粮食和肉类重要生产国和出口国，素有“粮仓肉库”之称。主要种植小麦、玉米、大豆、高粱和葵花籽等。

对阿根廷商人而言，对外贸易的繁荣使投资养牛牧场利润丰厚。被外国商人排挤出出口贸易的商贾世家把他们的资产转化为土地和牛群。例如，19世纪20年代，安乔雷纳家族把资金从海外贸易转移到牧场经营，最终打造了一个最大的养牛集团；截至1864年，安乔雷纳家族在富饶的潘帕斯平原拥有230万英亩的牧场土地。富有的地主住在布宜诺斯艾利斯，牧场的日常管理工作由住在牧场的管家负责。在布宜诺斯艾利斯港，牧场主与收货出口的商人和要求育肥肉牛及时运到的屠宰腌制厂老板直接谈生意。他们并非对庄园没有兴趣的漫不经心的地主，而是把农村生产与城市的国内市场和出口市场联系起来的资本家。

尽管富有的牧场主引人注目，但小规模的家庭牧场和家庭农场是潘帕斯平原上最常见的生产单位。大多数牧场主住在相对而言不算广阔的牧场里，在家人和几个雇工的帮助下经营。一个农场和／或小牧场的典型居住单位有6～8人：男主人、他的妻子、他们的孩子们、一个杂工（雇佣的帮手）、一个孤儿，也许还有个奴隶或者是获得自由的奴隶（1813年后出生时是奴隶的孩子，被认为是主人的私有财产，直到21岁，他／她获得自由时为止）。此外，各种似乎不相干的原因都需要土地所有权经常转换。生意破产、贸易衰退、干旱以及农村生产成本不断增加都引发农村许多地产的出售和租赁。农村地产出租给新来的人，特别是欧洲移民，

【走近阿根廷】

近年来，阿根廷已成为南美最大的旅游国家，主要旅游点有巴里洛切风景区、伊瓜苏大瀑布、莫雷诺冰川等。近年来工业品出口亦有大幅度增长。进口多为机器设备、工业原料、化学品等。

提供了在这个市场增长时期经营牧场和农场的机会。

养牛利润率的相当一部分来自不断扩大的对外贸易，然而阿根廷生产者本身也必须使牛的生产流程更加合理化。养牛业节约成本的主要突破来自销售牲畜和畜产品。和殖民时期一样，19世纪头10年牧场主屠宰大部分自己养的牛，在牧场上制备牛皮和牛脂。一本1812年的账簿显示，一个牧场主只有12%的年收入来自出售活牛——也许是卖给为布宜诺斯艾利斯居民供应牛肉的屠夫。然而，19世纪中期任何一个牧场主都把牛群的大部分赶到布宜诺斯艾利斯港口的牲畜围栏和屠宰场出售。赶牛人直接把多达800头牛的牛群赶到屠宰腌制厂。因为屠宰腌制厂也生产牛脂和牛油，养牛人必须提供有肥肉的肉牛和奶牛。

产品最终目的地的变化使牧场主经营效率显著提高。他们再也不依赖在自己的牧场上用日益昂贵的雇工加工牛皮和牛脂赚钱。现在牧场主70%的收入来自销售活体牲畜。在牧场上，许多成本高的牧产品加工都取消了。

第五节 农村的劳工状况

潘帕斯平原上牛羊生产的不断扩大给新来者提供了许多经济和社会机遇。据1854年的一份统计估算，当时布宜诺斯艾利斯省四分之一的农村人口是移民，数目超过18.3万人。在本土出生的雇工从事养牛时，勤劳的移民在牧羊、建筑业和小商业找到工作，或者当手工工匠。新来的人似乎在靠近布宜诺斯艾利斯的农业区找到了最大的机会，那里的基础设施更发达。

除了不断扩大的市场体系中的经济机会，移民作为租客或地主也找到了上升的途径。1820年至1850年间，随着土地价格及土地产品的不断上涨，大牧场被无数次细分。这个过程的每一步都使潘帕斯平原的土地利用和农业生产更加集约。在边疆地区，牧场主仍然持有土地广阔的牧场，经营这些巨大的生产单位。靠近不断扩大的布宜诺斯艾利斯市场的土地被分成小块，生产单位变小。在萨拉多河两岸的一个又一个地区，19世纪早期的大养牛场被小规模的、更集约化生产的农场所代替，这些小农场养羊，最终种植经济作物。通常牧场主的儿子和欧洲移民从土地所有权的扩散中受益，土生高乔人得不到好处。

【走近阿根廷】

阿根廷旅游业发达，是南美主要旅游国家。近年来，受经济复苏和比索贬值的影响，赴阿游客大幅增加。旅游业成为阿第三大创汇产业。

牧场结构遵循西班牙人遗留下来的传

统的组织方式。尽管大地产的主人居住在城市，但他们控制着牧场的生活，例如，对牧场产品在城里销售做出所有安排。农村某个特定地方最大的牧场主，特别是在人烟稀少的边疆地区，通过垄断乡村杂货店和运输，有效地控制了整个地区。在农村腹地，地主对工人名义上的控制对实施命令大有帮助。不过，这种控制从来都不是完全的。

潘帕斯形成了种族分工。土生流动的梅斯蒂索人和穆拉托人通常侍弄牛，白人移民养羊，本地男性容易被征兵，而免除兵役的外国出生的人攒钱买地。在布宜诺斯艾利斯城，同样的社会加工使有色人种边缘化，那里的移民也享受到向更高社会阶层流动的优势。首都的大部分工匠和商店经理是外国出生的；大多数家里的仆人是土生的阿根廷有色人种。

阿根廷腹地在19世纪总是人力匮乏，牧场主常常抱怨征募省民兵如何抽干了高乔人劳力池。缺乏劳动力意味着地主不得不推迟给牲畜打烙印和其他杂活。迟至1846年，大量没有烙印的牛在

没有围栏的大草原上徜徉。“这里的土地到处都很肥沃，随时可以耕种”，19世纪中期一个旅行者评论说，“但是在没有足够人口来照料牛的地方，不可能指望他们（原文如此）进行农业劳动。”（Mac Cann 1853，I:62）当危机发生的时候，如1830年的旱灾，养牛的人无法把快死的牛做成干肉或牛皮，也不能把牛群赶到不太干旱的草场上去。佃户（牧场主或农场主雇佣的任何工人，包括高乔人）稀少，身价陡升。事实上，牧场管理人员发现，在牧场最需要人手的时候，能够找到的佃户不肯妥协，要求得到更高的工资。另一个英国旅行者得出这样的结论：“由于缺少勤劳的人口，这个国家的资源全部被忽略了。”（Parish 1852，256）

【走近阿根廷】

2010年共接待外国游客517万人次，创汇47亿美元。全国有自然保护区39个，总面积366.41万公顷。有世界自然和文化遗产8处。主要旅游点有巴里洛切风景区、伊瓜苏大瀑布、莫雷诺冰川等。

然而，潘帕斯平原上土地集约化的使用并没有消除——事实上反而加强了工人从一个工作换到另一个工作的能力，尽管不一

定是向社会阶梯的上层移动。劳动力稀缺长期存在，民兵招募、奴隶贸易终结以及出生自由法案使布宜诺斯艾利斯省的奴隶数量所剩无几。乡下大部分人口是本土出生的，大多数情况下，农村男性主要是本地出生的混血人。他们都自称白人，尽管很多人的皮肤是黑色的。尽管一些牧场也有很多穆拉托人和黑人工人（相应地称为Pardos和morenos），但是精英们认为，这些有色人种只适合做领周薪的工人。缺乏甚至是基本的教育阻碍他们提升到工头行列，社会歧视隔绝了他们租地和经营乡村商店的机会。

劳动力短缺也为移民工人创造了机会。他们接过了自尊的高乔人不愿做的工作，如挖沟保护果园和菜园不受放养的牛群破坏。爱尔兰人和英国人为英国养羊的牧场主工作。英国移民变得擅长挖井和建造饮牛的水池。他们的收费和得到的钱通常比地主想支付的多。雇主喜欢雇用外国人，特别是识字的西班牙人作为商店经理，经营乡村商店。

人们认为他们有能力避免本地人积欠账单，并且后者对烈酒和赌博的“癖好”有免疫力。移民有机会一开始当工匠和农民，就攒钱购买产业。“我经常认识一些贫穷的（移民）男人，只靠挖沟一年就能挣100英镑”，一个外国旅行者说，“在一个像这样没有石头的国家，许多劳动力必须做这样的工作……”（MacCann 1853，I：227–228）

收割谷物、打烙印和剪羊毛这样的季节性工作很多，部分原因是本地出生的工人拒绝全职工作，不断有男男女女从内陆省络绎不绝地来到潘帕斯，甚至是远自巴拉圭，来做这些零工。在围拢牛或剪羊毛的季节，牧场主从附近农村社区雇工，但是劳力短缺迫使养羊牧场主雇佣妇女和儿童剪羊毛，通常是土生当地人和外省人（从内陆移民过来的人）。一个英国养羊户付给他的工人每天25个纸比索并提供食物；在给牛打烙印的季节，一个本地出生的劳工，把自己和一群马雇出去，每天可以挣20～25比索。这种高收入鼓励了一些游荡的佃户为了取得这种程度的独立去偷马。为了吸引工人，有些牧场主甚至先付工资并给他们在农村商店足够的信用。

公共当局颁布了流浪法案，试图用要求农村居民必须携带雇主签发的就业文件来约束工人。农村治安官可以拦住路人，检查他们的文件。那些没有文件的人会被当作流浪汉，强迫做公共工程或服兵役。尽管对劳动力的需求不断上升、民兵征募和19世纪上半叶的流浪法案，成年男性当雇工可能可以在农村保留某种程度的尊严。

【走近阿根廷】

交通运输在拉美诸国中最为发达，公路、铁路、航空和海运均以首都为中心，向外辐射，形成扇形交通网络。国内交通运输以陆运为主，外贸货物的90%通过水路运输。上世纪90年代，阿政府将交通运输服务业全部实行了私有化。

【走近阿根廷】

铁路总长34059公里，为拉美之最。但铁路部门长期经营不善，连年亏损，加之缺乏投资，许多设备及三分之二的线路老化，大部分路段已停运。2003年以来，阿政府加大了对铁路等基础设施建设的投入，计划新建、改造多条铁路线路。2008年共运送旅客4.5亿人次，货物2361.9万吨。

在这个经济时期，长期存在的劳动力短缺对工人有利。工人实际工资从1804年的每月平均7.5金比索上涨到1864年的12比索。与季节工人相对的长期工人实际上可能相当稳定，雇主和佃户之间令人满意的关系可能从一代人延续到另一代人。利润分享并非闻所未闻，特别是在外国出生的牧羊人中更是如此，他们挣到多达羊毛、羊脂和羊皮销售收入的一半。此外，住家佃户在其雇主的庄园里养活家人，他们在那里有小屋、配给的牛肉和一块小菜园。例如，一个靠近布宜诺斯艾利斯的农场可能可以养活30口人，包括工人的妻子和孩子们。流动的工人在这个农场可以找到季节性的工作，木工、制砖、种树、做围栏、剪羊毛、收割庄稼，每年大约有40人。对佃户而言，农村的实际工作条件不仅比严苛的法律要求更人性、更令人满意，而且牧场的工作也养活了许多农村商人和工匠。

事实上，有很多证据表明地主没有能力把土生工人转变成一个可以依赖的、努力工作的和稳定的佃户。在农村，工人们有着不遵守劳动纪律的传统。他们容易想什么时候不工作就什么时候不工作。高乔人已经获得了在许多节日休闲的权利。在节日期间，雇主让他们工作需要得到警察的允许。此外，雇主经常不得不忍受佃户对他们的不敬，后者能够并且也的确冒犯主人和工头。

土生工人的工作习惯似乎并没有随着省里经济的发展而改善多少。他们大部分人拒绝从事需要步行的劳动，如耕种、挖沟、园艺或修补。而且土生工人似乎不能在没有严格监督下独自工作。为了“避免掠夺”，每个牧场主不得不全职地投入牧场的工作，管理他的手下。尽管成功的牧场主可能住在镇上，“他仍然必须把相当多的时间花在庄园”，一个旅行者评述道，“亲自监督买卖，因为交易通常是在不会写字和记账的人之间进行，除非把钱款直接交到负责人手里，否则有太大的可能性发生可悲的错误”。很明显，

如果雇主想要雇工勤快，就必须在现场强制执行。否则，佃户会占他的便宜，得到拖沓的名声，正如另一个外国旅行者的观察，“对一个做事拖拉的人而言，生活是无穷无尽的明天”（MacCann 1853，1：156）。在雇主眼里，似乎佃户有意地不服从他们的监工，无论如何，监工藐视比自己社会地位低的人的风俗和肤色。

在文化上，工作提供给高乔人自身传统中熟悉的社会场景。大牧场的围拢吸引了多达30个流动佃户和他们的马群。在拢牛、打烙印、骟牛间歇时，他们烤牛肉、唱歌、弹吉他、抽烟、讲故事、嬉闹和进行真假刀战。只要能够到处自由活动，高乔人就不会感到格格不入。

限制性法令和民兵招募在执行时都是任意的，不成系统，从来也没有成功地减少工人的流动性。短期工作合同似乎仍然是准则。骑手们会工作3～4个月，然后要求结算工资，这样他可以继续前行。许多牧场主试图鼓励更长期的劳动力，提高那些工作6个月以上的工人的工资；然而，佃户有扔下工作不辞而别的习惯。因为劳动力匮乏，所以工人总是能找到另一份工作。由于不能控制土生农村工人阶层，精英们把他们的文化贬称为“未开化的”和“野蛮的”。

毫无疑问，政治问题和任意行使权力对佃户的完全自由提供了一些制约。地主对证件系统态度足够认真，确保他们的工头和外省雇工都在当局登记。布宜诺斯艾利斯警察拘押文件不合格的人。政治紧张时期军事征兵队在边疆地区特别活跃，但是政府在农村到处执行流浪法案时只能是随意的。由于缺乏资源和与有权势地主的合作，不可能系统地执法。

【走近阿根廷】

首都布宜诺斯艾利斯是最早修建地铁的南美城市，地铁网络发达，共有6条线路，总长50公里，日平均输送旅客量超15万人次。

1868年精英对乡下人的看法

（乡下人）属于两个不同的种族：西班牙人和印第安人；两者的混合形成一系列细微的等级区分。纯种西班牙人在科尔多瓦和圣路易斯的乡村很普遍，在那里碰到皮肤白皙、像玫瑰花般娇嫩的年轻牧羊女是很寻常的事，她们美得像首都的美女所能向往的一样。在圣地亚哥-德尔埃斯特罗，大量的农村人口仍然讲克丘亚方言，明显表现出其印第安人出身……黑人，此时几乎绝迹了（除了在布宜诺斯艾利斯），留下了把文明人和树林居民联系在一起的纽带——桑博人和穆拉托人……

有了这些存留，上面提到的3个人种形成了一个同质的整体，其特点是喜欢闲散，不勤劳，除非当教育和社会地位的突变刺激他们放弃习惯的节奏。在很大程度上，这个不幸的结果归咎于殖民进程影响下的印第安部落的合并。美洲土著人生活得很闲散，表现出不能长期进行艰苦的劳动，即使在被强迫的情况下。这引起了把黑人引进美洲的想法，这个想法产生了如此灾难性的结果。但是当西班牙人凭本能被留在美洲荒野时，也并没有表现得比土著人更充满活力。

所有的文明，无论是印第安文明、西班牙文明还是欧洲文明，都以城市为中心，在城里可以见到工厂、商店、学校和学院，以及其他文明国家的特

【走近阿根廷】

阿根廷公路总里程超过50万公里。2008年国道总长38 920.14公里，有铺装路面所占比重为88.38%。当年中央政府用于道路基础设施建设60.09亿比索，同比增长40.12%。2008年国家级公路收费站通过车辆1.22亿辆次，收费2.10亿比索。新车上牌数量为61.52万辆，其中国产汽车25.22万辆，进口汽车36.30万辆。2010年全年生产汽车71.65万辆，同比增长39.7%。

征。优雅的风格、奢侈品、燕尾服、礼服大衣和欧洲其他的服装在镇上占据了适当的位置。

……农村印第安人居住的镇子展现出一副截然相反的图画。那里肮脏，衣衫褴褛的孩子与一群狗住在一起；那里男人整天无所事事，到处是玩忽大意和贫穷。一张桌子和几个篮子是破败的小屋中仅有的家具，显示出他们的原始和粗枝大叶。

尽管雇主试图提高工资效率和节奏，劳动力缺乏还是成为佃户的优势，他们成功地要求得到更高的工资，在一个个工作中流动，蔑视流浪和征用法案。地主不能以牺牲工人的利益获利，只能从对牧产品的强劲需求中获利。毕竟，牧场的结构具有足够的灵活性。尽管缺乏劳动力，牧业生产也缺乏重大的技术改善，但它仍成为边疆扩张的主要模式。

第六节　内陆贸易的重新调整

布宜诺斯艾利斯省的经济全盛期并没有以同样的程度到达内陆各省。刚刚从西班牙殖民统治中获得独立，各省军事首领之间就争吵不休，冲突常常使商业停滞，驱散了牛群，也驱散了农村居民。从1810年至1820年，布宜诺斯艾利斯和萨尔塔之间的大车贸易几乎停止，巴拉那河谷和巴拉圭的河流贸易也中断了。同时，在生产了世界上含银量最高的银矿石长达两个半世纪后，波多西银矿迅速衰落。这些内陆镇子和内陆省再也无法依靠波多西和布宜诺斯艾利斯之间繁荣的货运贸易。

波多西的采矿业没有在独立战争中幸存下来。殖民时期晚期，矿石的含银量已经迅速下降，在15年的战争和不确定中，许多工人和企业家抛弃了大多数矿井。作为从前殖民时期骡子集市的中心，萨尔塔很难适应自己的新位置，居于布宜诺斯艾利斯商业生活的末梢，而不是拉普拉塔地区和玻利维亚之间的贸易中心。波多西的衰落也波及了图库曼和科尔多瓦。在那里，曾经靠骡子贸易发财的牧场主发现，19世纪20年代他们的土地价值下降了85%。

【走近阿根廷】

阿根廷全国有海港38个，内河港口25个。2008年港口吞吐量1.57亿吨。重要港口有布宜诺斯艾利斯港、布兰卡港和罗萨里奥港等。巴拉圭—巴拉那河道是阿主要内河航线，全长3 302公里。

起初，为布宜诺斯艾利斯经济扩张

提供资金的国际贸易往往破坏拉普拉塔地区的内部贸易。廉价的进口商品把科尔多瓦纺织品、图库曼木材和蔗糖以及门多萨葡萄酒赶出了布宜诺斯艾利斯市场。从内陆省来的陆路货物靠骡子和牛车拉，没有了波多西的白银，根本无法和运输成本更节省的欧洲消费品竞争。1820年，内陆各省的经济生活似乎萧条到无法修复。

直到19世纪30年代，凭借着布宜诺斯艾利斯的新大西洋贸易，内陆各省才从经济萧条中开始了漫长的复苏。港口牧产品出口增加了，给长期为波多西服务的内陆各省的生产能力开启了其他市场。最靠近布宜诺斯艾利斯的各省经济复苏更强劲。圣菲、恩特雷里奥斯和科连特斯河岸各省扩大了与牛相关产品的生产，这些产品被送上河船到布宜诺斯艾利斯销售。科尔多瓦、圣地亚哥-德埃斯特罗、卡塔马卡（Catamaca）设法把斗篷卖到布宜诺斯艾利斯，那里的人口在不断增长。产自门多萨的国内白兰地深受平民阶层喜欢，重返布宜诺斯艾利斯市场。

但是，因为当时的技术无法靠牧产品维持新的长途贸易，萧条在内陆各省持续很久。白银是价值高、体积小的商品，能够在从玻利维亚到拉普拉塔河河口的长途陆路运输中盈利。但是萨尔塔笨重的干牛皮，离布宜诺斯艾利斯超过3个月的牛车车程，跨越1240多英里，无法和更靠近港口的地方生产的牛皮竞争。西部各省的许多牧场主越过安第斯山脉，把牛卖到智利。

【走近阿根廷】

阿根廷全国有机场58个，其中23个为国际机场。各省省会、主要城市及重要旅游点每天均有航班往来，国际航线26条。2008年国内航线客运量581.8万人次，货运量11 763吨；国际航线客运量928.7万人次，货运量294 591吨。

内陆省考迪罗们之间的政治骚乱于事无补。“抢劫和掠夺体制长期存在，使农村的人们已经变得意志消沉，”19世纪20年代一个旅行者观察到，“拉米雷斯在一处拥有恩特雷里奥斯的军队，或被憎恨地称为Mounteneros（原文如此），另一处是卡雷拉（Carrera），带着一支说不清哪来的杂牌军，里面有所有喜欢抢劫的生活方式胜过一切流浪汉”（Hibbert 1824，65—66）。各省间的贸易

遇到的另一个障碍是内部关税。每个省的政府都在边界上设置关税人员，向邻近省生产的货物征税。

尽管存在所有这些障碍，从19世纪0年代开始，内陆各省的确经历了一次商业复兴。可以进入巴拉那河和乌拉圭河，使圣菲、科连特斯和恩特雷里奥斯河岸各省成功地把出口牲畜产品纳入到他们的经济中。一些海船来到河港装运牛皮和羊毛。出口贸易甚至维持了恩特雷里奥斯牛肉腌制和牛皮处理场。科连特斯和圣菲更经常地把牛皮和羊毛用小一点的船运到布宜诺斯艾利斯。由于货物转移到河船上再运到拉普拉塔河河口，河港城市罗萨里奥（Rosario）作为从科尔多瓦过来的陆路贸易中间站繁荣起来。

作为联系西部安第斯和布宜诺斯艾利斯的纽带，到19世纪中期，科尔多瓦也恢复了一些贸易重要性。它成为印第安人手工纺织品的重要中转站，特别是潘帕斯农村人们喜欢的斗篷和粗棉布裤子。科尔多瓦的牛皮和羊毛也经陆路运输进入了欧洲贸易。

和安第斯其他许多山区省一样，门多萨的经济恢复缓慢。灌溉渠把安第斯的雪融水引入果园、葡萄园和城市周围的麦田。当地葡萄酒还无法和欧洲相提并论，因此，种植葡萄的人把门多萨大多数葡萄制成白兰地和葡萄干。门多萨的小麦和面粉销往布宜诺斯艾利斯省，那里的庄园直到19世纪末才大量生产谷物。甚至邻近的圣路易斯生产的粗羊毛也进入了布宜诺斯艾利斯市场。

省际贸易的恢复意味着内陆省份的人口增加。阿根廷人口每年增长约2.5%。尽管阿根廷人口从1810年的40.6万增加到1860年的100万，这个国家仍然人口稀少；实际上当时阿根廷的人口数量仅相当于岛国古巴的人口数。由于是国内外移民的目的地，布宜诺斯艾利斯省和河岸各省占了阿根廷人口增长的大部分。

与此相对的是，内陆省遭受到人口流失。每个去往港口的大车队都带着移民工人，他们中男人多于女人。因此，内陆各省镇子上的居民中女人比男人多。拉里奥哈（La Rioja）的男女比例为88：100，而沿海省份的这一比例正好相反。19世纪男女比例以另一种方式扭曲：居住在拉普拉塔地区混乱、破败不堪的农村的男人比女人多。女人普遍居住在更安全一点的镇上和城里。

总而言之，19世纪内陆省份成功地把它们的经济从玻利维亚银矿转移到大西洋市场。尽管向沿海省份输送了大量移民工人，人口仍以每年2%的可观速度增长。然而，与布宜诺斯艾利斯相比，运输贸易中古老的马、牛技术限制了内陆省繁荣和增长的程度，退一步说，也比不上河岸各省。直到将近世纪末，随着火车的到来，这种昏睡状态才得以改变。

【走近阿根廷】

首都的埃塞伊萨(Ezeiza)国际机场是全国最大的航空港。阿根廷航空公司(Aerolíneas Argentinas)是阿最大航空公司，1991年被西班牙公司收购，2008年7月阿政府将其重新国有化。

第七节 德罗萨斯:恢复法律的人

在这个时期，一个政治家脱颖而出。从1829年到1852年，胡安·曼努埃尔·德罗萨斯作为省长和事实上的独裁者统治着布宜诺斯艾利斯省，即使他没有统治内陆各省，但布宜诺斯艾利斯商业的重要性也帮助他指导内陆省的命运。作为联邦派的政治家，罗萨斯支持各省权力比一个集权的中央政府的权力重要。罗萨斯和自己的布宜诺斯艾利斯牧场主阶层与其他省的地主相比，从相对的自由贸易中更大程度获益。罗萨斯省长为布宜诺斯艾利斯征收港口税，税收收入的大部分留给了他的军队。

罗萨斯打出了民族主义的王牌，反对外国势力，对一个依赖对外贸易的国家来说，这可不是个儿戏。他公然迎合平民阶层，吸纳农村高乔人和城市黑人作为他的选民。作为一个成功商人和抵御印第安人袭击的边疆保卫者，他同时受到牧场主和高乔人的喜爱。然而，为了保持、加强而不是改变受到政治混乱和目无法纪威胁的殖民地社会秩序，罗萨斯表现得像个民众主义政治家。这是他自称为“恢复法律的人”的一个原因。

殖民时期末，罗萨斯出生在布宜诺斯艾利斯一个克里奥尔地主阶层家庭。

【走近阿根廷】

阿政府财政收入曾长期赤字。2002年开始厉行增收节支，连续多年实现初级财政盈余。2010年，阿财政收入4 098.99亿比索，支出3 848.17亿比索，盈余250.82亿比索，同比增长45%。

确切地说，他是港口富裕商人阶层的穷亲戚。罗萨斯既没有参与政治，也没有参与独立战争。然而，他的确从后独立时期布宜诺斯艾利斯的新国际贸易中获益。19世纪20年代，他扩大了家族牧场的牛产量，并在布宜诺斯艾利斯开了一家屠宰腌制厂，从不断扩大的牛皮和牛肉市场获利。对商业的敏锐使他被富裕的亲戚安乔雷纳家族任命为庄园经理。

边境线越过萨拉多河前移，几乎到达布兰卡港(Bahia Blanca)，注定使罗萨斯也成为一个抗击印第安人的斗士。罗萨斯厌恶那些"无能的"城市政客，他们争吵不休削弱了省政府，阻碍了19世纪20年代联合抵抗印第安人的袭击。他自己的庄园和安乔雷纳庄园的高乔牧民组成了他的边疆战斗部队——大名鼎鼎的"红色骑兵"(Colorados del Monte)。作为他们的雇主和指挥官，罗萨斯自称完美的高乔人领袖。他会骑马、用绳子，和最出色的属下挥舞长刀。

【走近阿根廷】

截至2010年年底，阿公共债务总额1643.3亿美元，占国内生产总值的45.3%，其中外债余额1286.18亿美元。（来源：阿国家统计局）

罗萨斯故意打扮成高乔人的样子，讲高乔人的语言。"以前的政府对受过教育的人非常好，但是鄙视下层人"，罗萨斯后来写道，"因此，我认为为了控制和引导下层民众，获得对他们决定性的影响力非常重要"（Lynch 1981，109）。

1829年危机期间，在乌拉圭与巴西人打仗回来的港口军队因领不到军饷而叛乱。布宜诺斯艾利斯省临时省长曼努埃尔·多雷哥（Manuel Dorrego）被暗杀后，罗萨斯将军胜利进驻布宜诺斯艾利斯。一群精英对他的到来充满感激，如释重负，任命他为有紧急权力的省长。1833年，他在成功地完成一届省长任期后辞职，领导他的军队进行了一场平息印第安人的战役。他的战役包含典型的外交和军事因素。那些反对他的印第安人体验到了他的高乔骑兵的矛尖，但是罗萨斯也和某些印第安卡西克结盟。作为对结束边疆袭击的回报，罗萨斯提出给这些印第安首领分发马、牛、烟草、马

黛茶叶。他强制省政府财政支付这些礼物。港口政治精英随即在1835年再次任命他为省长，这次有独裁权。

【走近阿根廷】

截至2010年11月，阿全国共有各类银行金融机构和非银行金融机构80家，其中国有银行12家，私有银行52家，非银行金融机构16家，总资产达4975.37亿比索。

尽管在革命时期奴隶贸易终止了，但奴隶制并没有结束。19世纪20年代的农业扩张给了奴隶制继续存在的又一个理由。在劳动力稀缺的潘帕斯，罗萨斯本人曾在科尔多瓦购买奴隶到自己的牧场干活。1830年，他的牧场工人中几乎一半是黑人和穆拉托人。此外，港口本身有四分之一的人口是非裔阿根廷人。他们大多数是自由人，从事家庭服务、不需要技能的工作，在市场卖东西或从事其他体力劳动。罗萨斯即使不把他们看成是与其社会地位平等的人，也把他们看成是有用的政治支持者。他的妻子恩卡纳西翁和女儿曼努埃拉成了布宜诺斯艾利斯黑人的资助人。她们出席非裔阿根廷人的聚会，给忠实的人分发礼物，从罗萨斯政敌的仆人那里打探消息。罗萨斯招募

黑人加入省军队和警察部队,非裔阿根廷人用政治支持回应这种帮助和关注。在他们的舞会和聚会上,他们高呼着“我们的父亲,最好的省长万岁!”(Szuchmanand Brown 1994,223)

罗萨斯也对阿根廷国家恐怖主义的发展负有责任。他不仅利用政治动乱来获得独裁权力，而且组织了一支名为马扎卡(Mazorca)的秘密警察部队，他的对手将其称为马斯奥卡(más horca),一个文字游戏,意思是“更多绞刑”。罗萨斯保留着马扎卡——一群工人阶级出身的政治暴徒,用来威胁对手,惩罚那些可能挑战他的统治的人。实际上,他们的野蛮行动的确造成了在罗萨斯当省长的20多年时间里约2 000多人被谋杀。斩首和大张旗鼓地展示砍下的人头成了马扎卡青睐的战术。罗萨斯秘密警察部队的成员有完全的行动豁免权；没人为政权反对派遭受的酷刑和死亡负责。罗萨斯以他在拯救国家为依据来证明采取恐怖措施是正确的。

胡安·曼努埃尔·德罗萨斯省长为他的国家恐怖运动辩护

多雷哥先生在纳瓦罗(Navarm)被集权派的支持者杀害。比利亚法尼亚(Villafaña)将军,基罗加(Quiroga)将军的战友,在从智利到门多萨的路上也被同一伙人杀害。拉托雷(Latorre)将军在投降后被枪尖指着送到萨尔塔监禁,没有给他最后的时间做好准备。同样的命运降落在阿吉莱拉(Aguilera)上校身上。基罗加将军去年(1834年)2月16日在离科尔多瓦侣里格的返回途中被割喉。何塞·桑托斯·奥

【走近阿根廷】

对外贸易在国民经济中占有重要地位。近年来,阿政府大力促进出口，积极推动产品出口结构和出口市场多元化，加之国际市场大宗商品价格不断走高,阿外贸连续多年保持顺差。

尔蒂斯(Jos é Santos Ortiz)上校惨遭同样命运，全队中还有16个人也是如此。只有那些通过山上的堡垒逃跑的人能够逃脱当信使和传令兵。我是否了解国家的真实状况呢？但即使这样对那些开明和讲道义的人还是不够……

你们认识我很多年了，知道我不是嗜血的人，在我执政期间已经证明了这一点。在我这个位置上的人谁会如此吝惜流血？我又让谁流过血？除了被认为是正常的军事命令，没有一滴。下达这样的命令或者是射杀一个无赖在世上任何地方都是平常的，没有通告就执行了。因为除非如此，社会无法生存。

授予我权威的法律是那个命令杀死蒙特罗的法律。有人会说我滥用权力。如果情况如此，这是我的错误但不是令我悔恨的犯罪。因为当我被授予这个激起仇恨、非同寻常的权力时，据我判断，条件不是我必须总是正确，而是为了挽救处于危亡的国家，我有完全的行动自由，行动不受限制。

【走近阿根廷】

阿根廷主要出口产品为油料作物、石油、天然气、汽车、谷物、牛肉、皮革、奶制品、钢铁、渔产品和林产品等;进口核反应堆及机械设备、汽车、电子产品、燃料、有机化学品、塑料及其制成品、钢铁、医药产品等。

第一次政治安定,但是也造成了一些阿根廷最杰出的政治家和文学家流亡国外。在流亡过程中,未来的总统多明戈·F. 萨缅托(Domingo F. Sarmiento)在智利和美国旅游。法学家和经济学家胡安·巴蒂斯塔·阿尔韦迪 (Juan Bautista Alberdi)在流亡归来撰写一部阿根廷新宪法之前,逐渐了解了蒙得维的亚、圣地亚哥和巴黎。流亡作家埃斯特万·埃切韦里亚(Esteban Echeverria)把罗萨斯统治下的国家恐怖比作社会渣滓掌了权:"屠宰场的屠夫是在刀尖上传播罗萨斯主义联邦的使徒,他们把任何不是刽子手、屠夫、野蛮人或窃贼的人,任何一个体面公正的人,任何有启蒙思想、推动知识和自由的爱国者都打上'反对派'的标签;并且……联邦制的来源在屠宰场本身就可以发现, 这一点显而易见。"(Ross and McGann 1982,57)

尽管罗萨斯没有超越利用种族和阶级对抗，他却没有着手改革社会秩序。他也没有像联邦派的何塞·赫瓦西奥·阿蒂加斯(Jos é Gervasio Artigas)那样，提议重新分配土地；罗萨斯也没有放弃约束支持他的平民阶层的需要。他支持新兴牧场主精英的牧场利益，他本人属于这个集团。罗萨斯允许与所有愿意购买阿根廷牧产品的国家进行贸易，并且支持富人的私有财产所有权。省长把获利丰厚的政府合同送给他最忠实的朋友，这些合同主要是给部队提供给养以及给边界那一边的他的印第安盟友提供马和牛。首先，罗萨斯省长想要做的是重建秩序，作为独裁者来统治、威胁来自他自己阶级的政敌，但他不可能用这些政策来统治一个国家。

第八节　内部纷争重起

其他省以及乌拉圭和巴拉圭共和国不赞成在他们看来是罗萨斯自私的亲布宜诺斯艾利斯政策。他用其家乡所在省的财富和军队来干涉邻省的内政。19世纪40年代相当长的一段时间里，罗萨斯把他的武装借给乌拉圭的一派，包围其在蒙得维的亚的对手。这个布宜诺斯艾利斯省长也阻止巴拉那河和乌拉圭河的直接对外贸易。他这样做疏远了河岸省的地方精英和法国、英国政府，激发后者在1838年和1848年封锁了布宜诺斯艾利斯港，试图使巴拉那河谷贸易对外开放未果。罗萨斯也一直使巴拉圭保持孤立，惩罚那些想要开启与亚松森的贸易的外国人。最终，这些狭隘的政策导致了他的垮台。

恩特雷里奥斯省的胡斯托·何塞·德乌尔基萨（Justo Jos é deUrquiza）成功地联合省里的反对派推翻了罗萨斯的统治。实际上，乌尔基萨将军简直是和罗萨斯从一个模子里刻出来的考迪罗。他在恩特雷里奥斯有辽阔的牧牛场，建立了屠宰腌制厂加工用于出口的牛产品，指挥着一支高乔牧民组成的强大军队，让自己成为省长。1852年1月，乌尔基萨省长领导一支强大的高乔军队进入布宜诺斯艾

【走近阿根廷】

阿根廷主要贸易伙伴为欧盟、巴西、中国、美国、智利、墨西哥、日本等。2010年，阿对外贸易总额1 249.43亿美元，其中出口额685亿美元，进口额564.43亿美元，同比分别增长32%、23%和46%。全年实现顺差120.57亿美元。

利斯省，在卡塞罗斯（Caseros）之战中打败了罗萨斯的省武装。经常把自己包装在民族主义外衣下，蔑视外国势力的罗萨斯，随即登上一艘英国船逃走，流亡英格兰。

尽管港口反对者很快把新的阿根廷联合省主席乌尔基萨驱逐出布宜诺斯艾利斯，但他成功地为建立现代阿根廷国家打下了基础。1853年，乌尔基萨召开国会，批准了新宪法。按自由主义的传统，这部宪法一劳永逸地宣布奴隶制为非法，巴拉那河和乌拉圭河上的直接对外贸易合法。

尽管新宪法的商业条款有益于省里的利益，它摈弃了不久之前宽松的联邦主义，支持强有力的行政权。宪法包含了在所谓的被围困状态下暂时中止宪法的条款，也授予总统干涉权，在发生地方政治动乱时，联邦行政当局有权干涉省政府事务。这些宪法条款使未来国家领导人得以削减省长的自主权。阿根廷联合省的联邦建制让位于新的阿根廷共和国。

宪法建筑师胡安·巴蒂斯塔·阿尔韦迪设计了一个弥补劳动力短缺的新政策。外国人在阿根廷可以自由从事宗教活动，免除服兵役，可以自由地汇出利润。他和其他几个19世纪阿根廷的自由主义分子促动欧洲人移民到阿根廷，以解决阿根廷众所周知的人口不足问题。他们的理由是欧洲工人优于非洲工人、巴拉圭工人和玻利维亚工人，因此应该鼓励他们移民来开发阿根廷的农业资源。阿尔韦迪因他的格言“统治就是移民”而闻名。

胡安·巴蒂斯塔·阿尔韦迪为建设繁荣的阿根廷设计的经济蓝图(1853—1884)

关于政府：“政府代表消费而非生产。”“没有比政府更糟的农民、商人或制造商。”

关于移民：“每一个来到我们海岸的欧洲移民，他的习惯将会

带给我们比无数哲学书所能带来的更多文明，这以后将传播给我们的居民。这种看不见、摸不着或抓不住的完善没有被很好地理解。一个勤奋工作的人是最有益的口头传授。”

关于对外贸易：“因农村只生产原材料而蔑视农村，视之为野蛮完全是愚蠢、自杀式的欺骗，没有考虑到原材料是南美能够获取和享受制成品的全部手段，是散落在阿根廷缺少机器和工厂的城市中与欧洲进行贸易的全部财富。”

关于个人权利：“一个商人的手下会在顷刻之间被袭击、投入监狱或流放，他的承诺既没有安全也没有信心……在人们会被从他们的工作中带走去组成军队的地方，不可能设想农村、农业和矿业生产。”

关于修建铁路：“用这种方法，惠尔赖特（Wheelwright），既美国工程师威廉·惠尔赖特不仅想要把蒸汽机文明带到科尔多瓦，而且带到拉里奥哈，把法马蒂纳（Famatina）（阿根廷安第斯山区的矿）的矿产带到拉普拉塔地区的港口，他的机车穿越圣马丁曾经带着轻型火炮穿越过的安第斯山脉，给阿根廷西部省份带来好像是它们自己的太平洋港口和市场，把阿根廷土地变为亚欧交流的捷径，用比外交纽带更持久的金链条把智利和阿根廷共和国联系在一起。”

作为罗萨斯统治时的一个流亡者，阿尔韦迪亲眼目睹了铁路在欧洲的威力，并且设想在阿根廷建立庞大的铁路网。他把铁路看成是使“荒野99——仍然在印第安人控制下的潘帕斯南部和巴塔哥尼亚地区的委婉称呼——有人定居的一个办法。阿尔韦迪也预见到了连接大

【走近阿根廷】

阿根廷外国资本阿吸引外资的历史始于19世纪上半叶。二次大战前，英国资本占半数以上。战后，美资后来居上。1990年至1999年，外国投资总额达1210亿美元，其中主要来源于西班牙、美国、法国、智利等国家。

【走近阿根廷】

外国投资主要集中在石油、天然气、汽车制造、医药、化工、金融、民航、电信、服务业等部门。2001年经济危机后,阿外资流入大幅下降,2004年起开始回升。

西洋沿岸的布宜诺斯艾利斯和太平洋沿岸智利的瓦尔帕莱索(Valpara í so)的横跨南美大陆的大动脉带来的好处。他的部分梦想将会得以实现。铁路和移民的确将改变阿根廷,他所制定的宪法一直是19世纪晚期国家建设的蓝图,并且继续作为这个国家的法律而存在。

然而,国家建设不仅仅由新宪法相伴。各省仍然保留着自己的民兵武装,尽管港口部队仍然是这个地区最强大的。后罗萨斯时代的布宜诺斯艾利斯政治家绝不愿放弃自己对货币、商业和关税征税的控制权。1854年,他们把乌尔基萨从首都赶走,1859年输掉了反对共和国总统的塞佩达(Cepeda)战役,但是两年后取得了帕翁战役的胜利。后来,乌尔基萨退隐回到他的私人生意,港口政治领袖巴托洛梅·米特雷(Bartolom6 Mitre)成为阿根廷总统。国家统一仍然是正在进行的工作,两场战争很快就帮助了这个计划。

第九节　与巴拉圭的战争

1865年，当一场国际冲突在巴拉圭爆发时，1853年宪法规定成立的国民军事实上几乎不存在。那时，继巴拉圭缔造者何塞·加斯帕尔·罗德里格斯·德·弗朗西亚（Jose Gaspar Rodr í guez de Francia）（逝于1850年）和卡洛斯·安东尼奥·洛佩斯（Carlos Antonio López），索拉诺·洛佩斯（Solano López）的父亲（逝于1862年）之后，弗朗西斯科·索拉诺·洛佩斯（Francisco Solano López）成为巴拉圭的第三任独裁者。由于长期封闭，索拉诺·洛佩斯继承的政府早已获得对马黛茶叶和烟草外贸的垄断控制，并且拥有大量的牛群和马群。大量梅斯蒂索和瓜拉尼农民靠小块土地、为国家牧场干活或服兵役维持自己的生活。巴拉圭统治者似乎已经成功地将耶稣会殖民教区的心态制度化。国家财政保障了总统和对其阿谀奉承之徒的权力，同时维持着本地区最大的军队：2.8万名常规军，4万预备役军人。

边境战争缘起于巴西开发其最南部与乌拉圭、阿根廷和巴拉圭接壤的地区。巴拉那河仍然是连接首都里约热内卢和内陆州马托格罗索之间交通的最便捷路线。1864年晚期，巴拉圭人

【走近阿根廷】

阿根廷原来贫富差距相对较小，中产阶级所占比重大。受2001年经济危机影响，阿贫困人口占全国人口的比例从1994年的16%升至2003年的51.7%。2003年以来，阿政府重视扩大就业和增加对社会事业的投入，随着经济持续复苏，阿贫困人口有所减少。2010年第一季度贫困率和赤贫率分别为12%和3.1%。

拦截并扣押了一艘经巴拉圭河送马托格罗索州新州长就任的炮舰，作为回应，里约热内卢政治当局向巴拉圭宣战。超级自信的索拉诺·洛佩斯决定经过阿根廷领土米西奥内斯(Misiones)发动对巴西的打击。当阿根廷反对这次入侵时，索拉诺·洛佩斯也侵略了科连特斯省。阿根廷对巴拉圭宣战。最后，乌拉圭在三国联军反对巴拉圭的大战中加入巴西和阿根廷，这场战争从1865年持续到1870年。

尽管三国联军会令这场战争看起来有些一边倒，力量对比悬殊，但这三国对战争都没有准备。巴西和阿根廷各省都不愿意把自己民兵送到巴拉圭，而索拉诺·洛佩斯的部队却在最初的战役中表现出色。在战争的最后两年，巴拉圭人也占据了本土作战的优势。他们在保卫国家中受到巴拉圭妇女的帮助和支持，作战勇敢，誓死支持索拉诺·洛佩斯。然而，三国联盟最终占了上风，占领了巴拉圭。

5年的战争使巴拉圭人口遭受了极大的破坏：战前40万

人口中只有23万活了下来。战争结束时，女人数量以14∶1超过男子。

【走近阿根廷】

据联合国开发署2010年报告，阿人类发展指数为0.775，超过拉美地区0.706的平均水平。营养不良人口比率小于5%(2006年)。人均预期寿命75岁，其中男性72岁女性78岁(2008年)。出生率18.6‰，死亡率7.6‰，新生儿死亡率为12.1‰(2009年)。2001年至2010年人口年均增长率为11.2‰。阿人均拥有医生比例及医疗占国内生产总值比重均达到发达国家水平。人均医疗支出为1665美元(2006年)。全国共有医疗机构8000所，共设床位78057个(2004年)。

为了击败这样的敌人，阿根廷总统巴托洛梅·米特雷不得不在全国实行广泛动员。为了使这支弱旅进一步强大，他开始全国征兵。最终，他把一支2.8万人的军队投入战场，由他亲自率领；然而，反对征兵和布宜诺斯艾利斯命令的外省叛乱成为新成立的阿根廷军队面临的一个重要问题。一个职业军官部队发展起来，吸引了特别是来自内陆省经营商店的中产阶级和农村乡绅。有色人种的工人阶级构成了应征士兵的主体。移民可以免服兵役。这场战争在西部各省如此不得人心，以至于萨尔塔试图脱离

【走近阿根廷】

1868年，多明戈·E. 萨缅托继米特雷之后成为总统，但这个世故的圣胡安人无法战胜港口人对其商业权力和关税收入的保护主义。港口人很快挫败了萨缅托在布宜诺斯艾利斯省建立外来农民的农业定居点的尝试。

共和国。

地主、政界和商界精英除了提供军需外，仍然游离于军队服务之外。为这么一支庞大的作战部队提供支持创造了商机，依照传统方式，这些机遇局限于总统米特雷的朋友和支持者。他的政治集团自由党，后来被称为“供应商党”。他们垄断了利润最丰厚的向军队出售牛、马和采购国外武器和设备合同。

反对巴拉圭的战争使阿根廷政府得以加强控制以前自治的各省。此外，新阿根廷军队将成为国家统一的又一个积极先驱，帮助阿根廷实现1853年宪法的意图。布宜诺斯艾利斯省仍然是国家建设的一个障碍。在共和国名义上的首都，有钱有势的精英拒绝把重要的外贸控制权拱手让给国民政府。

第十节　印第安人问题

和殖民时期一样，19世纪定居者和印第安人之间有时和平贸易而有时血腥敌对。当查尔斯·达尔文1832年访问该省时，他发现，由于受经常性的印第安人袭击的威胁，边疆地区的地主为他们的牧场房屋建了防御工事。当干旱威胁了印第安人赖以为生的野牛野马的生存，并且省民兵武装忙于别处的冲突时，印第安人的掠夺就会增加。装备着流星锤和矛的骑马战士降临偏僻的牧场，杀死佃农、偷走牛群和马群、绑架妇女儿童。然而，爱好和平的印第安部族总是在牧场之中生活，即便不被尊重但也能得到农村

人的宽容。

几个世纪以来，拉普拉塔地区的西班牙裔和印第安人之间进行了广泛的贸易。印第安部族逐渐习惯了克里奥尔人的产品，如五金器具、马、牛、烟草和烧酒，成为生活必需品。在边疆要塞和农村客栈，他们用这些东西交换对西方社会有用的印第安人货物：野生羊驼皮、鸵鸟毛、编织的皮货和斗篷。然而，没有东西能够交换西班牙裔阿根廷人最梦寐以求的商品——土地本身。

19世纪不断扩大的牧场主阶层希望能把半游牧的印第安人变成“好佃户”，但他们失败了。草原猎人是相当差的农业工人。边疆官员给地主和他们的工头惩罚爱好和平的印第安人的权力，好像他们是孩子。为了对付敌对的印第安人，政府在不断扩展的边疆地区设有民兵前哨站。罗萨斯省长把一项殖民政策正规化，从牧场主那里征用马和牛作为已经对母马肉有特别偏好的印第安人的配给。到19世纪中期，牧场和边疆小镇相对安全。

但是在和巴拉圭作战过程中，印第安人的袭击再次发生。此后，国民政府希望在潘帕斯用欧洲移民来替代土著印第安人作为未来的工人。在这样的动机下采取了通过灭绝的方式解决“印第安人问题”。国民军提供了工具。不是由每个边疆省任意处理与印第安部族的关系，而是由在巴拉圭战争的严峻考验中形成的国民军来完成这样的任务。1879年，在欧洲人努力了300年后，胡里奥·A. 罗加(Julio A. Roea)将军的“征服荒野”行动最终剥夺了土著人残留的独立自治权。尽管在内陆省出

【走近阿根廷】

随着新来的阿劳坎人通过通婚融合进来，他们的领导权扩展到潘帕斯和巴塔哥尼亚的所有部族。印第安人首领把自己的女儿送去作为人妻来建立印第安社会内部的联合。马和牛的分配促进了结盟部落之间的联姻。

生、长大，胡里奥·A. 罗加却并非一个外省的考迪罗。在三国联军战争中，他的军衔不断上升，从国家的视角，而非他的图库曼同乡的视角来看。

然而，与此同时，南部大草原上的印第安人并非无所事事地静候西班牙裔社会的发展。有了罗萨斯省长送的礼物，他们结成了比以往任何时候更紧密的政治联盟，更广泛地参与边境贸易，结果也加强了他们的军事能力。

作为这种统一过程的一个结果，重要的政治和军事领袖出现了。作为兰克尔人（Ranqueles）的首领，利安克特鲁（Llanquetruz）在今天的拉潘帕省（La Pampa）所在地赢得声名。他的部族吸引了逃避兵役的高乔人。在沃罗加诺人（Voroganos）中，卡尔夫库拉（Calfucurá）暗杀了支持与西班牙裔保持和平的首领后，担当了首领。随后他加强了对大盐沼（Salinas Grandes）盐滩周围地区的政治控制。塞韦克（Say-

【走近阿根廷】

劳动力短缺促使印第安人为获得俘虏而袭击，被俘的妇女和儿童从事仆人的工作。1876年的一次印第安征服到达了离布宜诺斯艾利斯185英里的地方，造成30万头牛和500个人被俘的损失。这些非印第安人俘虏是农村居民，大多数有混血祖先、不识字、讲西班牙语。

hueque）在位于今天的内乌肯（Neuquén）的阿劳坎人村庄中联合了支持力量。这些首领和其他首领通过联姻和商品交换把分散在潘帕斯的部族集合在一起。

来自罗萨斯省长的年金维持着这些部族，但他们也越来越多地参与边境贸易。这种和西班牙裔社会的贸易是维持持续和平的边境关系的强烈动机。“在过去几年，我们与基督徒的接触带来了马黛茶叶、糖、饼干、面粉和其他我们以前不知道的奢侈品，但现在变成必需品”，据说塞韦克说，“如果我们向白人开战，我们的斗篷、毛皮、羽毛等就没有市场，结果是，保持和他们友好符合我们的利益”。（Szuchman and Brown 1994，119）

罗萨斯的失势结束了整个边境地区的礼物和年金流入。在这种新氛围下，很多印第安部族把他们的效忠从和平派首领转移到潘帕斯印第安人的杰出军事领袖纳蒙古拉（Namfincura）。从1852年到1879年，印第安人的袭击卷土重来。他们从潘帕斯平原上偏僻的边境牧场里抢走几千头牛和马，然后印第安骑手把它们赶到门多萨和圣胡安（非法）卖掉。其他一些人赶着牛群沿内格罗河河谷向南，越过安第斯南部山口进入智利。他们参与商业造成了印第安经济中劳动力短缺的现象像牧场的一样严重。

1870年兰克尔人如何对待俘虏

印第安人把俘虏看成物品。你完全可以想象他们的情况。他们是最悲惨最不幸的人。无论成年人还是青少年，男孩还是女孩，黑人还是白人，没什么区别。对所有的人都是如此，直到他们可以赢得印第安人的信任并且得到他们的欢心。他们被俘的最初日子是真正的苦难历程。他们必须洗衣、做饭、到树林里用自己的手砍柴、建畜栏、驯小马、照料牛、满足野蛮的色欲乐趣。

那些抵抗的人命真苦。

……经常有这样的情况，印第安人对新来的俘虏很同情，保护他们不受老俘虏和印第安女人的伤害。然而，除非把她们当作情人，这只会使情况更糟。

我曾经调查过某个被俘妇女，她这样回答我的一个问题："以前，印第安人想要我，情况对我非常糟糕，因为其他俘虏和印第安女人拼命羞辱我。她们会在山里打我。现在印第安人再也不想要我了，一切都好了。她们都成了我的好朋友。"

这样简单的话总结出了被俘妇女的生存状态。

【走近阿根廷】

一旦印第安人的阻力被打破，潘帕斯南部和整个巴塔哥尼亚地区的土地就可以建立定居点。有钱有势、有政治关系的人又一次索取了这个战利品的最大份额。多达2 100万英亩的边疆土地现在落入仅仅381人手中。

许多叙述证实印第安人把非印第安人合并到自己的族群，作为事实上的奴隶。妇女被送给战士做新娘，她们和战士养育的新一代人，抵制牛羊牧场侵占更多的边境领地。这些俘虏中有些谢绝逃走和避免“解放”，因为她们不想丢下她们生下的孩子。

1879年，罗加将军和国民军解决了持续了几个世纪的边境冲突问题。技术进步为罗加的迅速胜利做出了贡献。在征服荒野行动中，他用进口的连发步枪武装了士兵，用电报线来向5支单独的军事纵队发布命令。这些纵队从布宜诺斯艾利斯、科尔多瓦、圣路易斯和门多萨出发，钳形运动，在内格罗河会合。这支骑兵部队很快就驱散或者灭绝了特维尔切、潘帕斯和阿劳坎村庄的村民。随后，罗加封闭了安第斯山脉南部的关口，派兵驻守。幸存下来的印第安人在政府的监督下到专门的保留地生活；解放了的俘虏重新进入克里奥尔社会，在讲西班牙语的家庭当仆人。

第十一节 苦难过程

当内陆省份经济停滞或发展缓慢时，布宜诺斯艾利斯的农村经济使印第安人袭击、偶尔的起义、政治分裂和长期劳动力匮乏的影响减少了许多，并充满信心地跨越式发展。按当时的传统生产方式解释，拥有的土地面积很大，然而土地单位的面积变小，所有权扩散。在牛产业需要农业基础设施不断扩大的刺激下，潘帕斯的社会结构趋于复杂。大多数农村人口作为经营者、租户或雇工在土地上耕耘。印第安人、移民和外国人成为工匠，或在商业和

运输业找到机会。很多这样的机会和农村社会的多样性可以直接归功于潘帕斯作为外部市场的生产者的发展。

同时,布宜诺斯艾利斯省的经济和社会转型使它与其他省的分化更趋严重。到19世纪30年代,这种趋势已很明显。布宜诺斯艾利斯港口贸易是整个地区唯一重要的经济增长因素。布宜诺斯艾利斯省人口最多、最富庶。其政治家和省政府在各省中位列第一。独立战争后,所谓的拉普拉塔联合省进行了重组,布宜诺斯艾利斯获得了这个地区的经济、社会和政治领导地位,自此以后再没有放手。

后革命时代阿根廷的其他不均衡的根源在于殖民时期形成的社会秩序。尽管在经济复兴时期土生的工人阶级得到了一定程度的自主和独立,但显然没有享受到社会的自由流动。不断扩展的农村社会趋向于消灭草原印第安人,经济增长的成果也没有被平等分享。最大的地主们,他们本身是殖民时期西班牙商人的后裔,支持西班牙移民作为租客和小商人处于从属地位。土生的有色人种——不管

是梅斯蒂索人、黑人，还是穆拉托人——能够找到大量机会，但是却在农村社会阶梯的最底层。他们在屠宰腌制厂和牧场工作，剪羊毛、收割、打烙印、赶牛和做牛车。在正在发展的但仍有严格分层的农村社会，他们行使一定程度的个人自由。与地主的愿望相反，土生有色人种蔑视法律，从一个工作跳到另一个，寻求更高工资和更多闲暇。后革命时代的布宜诺斯艾利斯省充满生机，但远离平等主义。

【走近阿根廷】

随着罗萨斯在布宜诺斯艾利斯失势，内陆省份发起制定新宪法，重新谈判国家的责任和利益。最终，与巴拉圭的战争和在边疆地区反对印第安人抵抗的最后战役使建立一个更强大的民族国家益发具有紧迫性。在这个苦难过程中，一个新政治领袖崛起，准确地说，是个军人，但是个国民军人而非省民兵。胡利奥·罗加将军在三国联军战争期间，军衔一路上升，随后指挥部队取得了对印第安人的迅速胜利。

然而，阿根廷已经开始了国家稳固时期。

罗加决心把他的军事威望转化成政治权力，并且用他的军队领导权来纠正建国政治议程上的剩余的条款。这个条款就是布宜诺斯艾利斯的地位问题。

第二章 自由主义时代的阿根廷及其财富

1880 年标志着阿根廷一个前所未有的“和平与管理”时期的开始。同年胡利奥·A. 罗加将军就任总统之职，结束了阻碍国家统一长达 70 年的政治混乱。“八〇代”杰出人物——和罗加一起取得权力的地主和政治家集团的统治为加速现代经济发展提供了必需的政治稳定。这个民族国家牢牢地掌握在国家自治党手中，该党是地主阶级的政治工具。

财富小百科

谁都想成为富人，但想安安稳稳地赚大钱而又不冒一点险,那是天方夜谭。要知道,财富场上风险总是伴随着机遇而来的,在获得成功的机遇时,你也要为成功付出代价。

当然,风险并不是不能规避的,只要我们做好充分的事前准备,对可能出现的问题考虑周到并及时想出对策,就能化风险于机遇当中。

在阿根廷这样的一个社会,商场中的竞争尤为激烈,商场如战场,这里没有那种所谓完全没有冒险的生意。在资本运作上阿根廷人也表现他那种胆大心细、见机行事的作风。“明知山有虎,偏向虎山行”。敢于冒险,敢作敢为,是强者的重要性格特征,也是大多数富人的性格特征。

第一节　自由主义时代的阿根廷

1880年标志着阿根廷一个前所未有的"和平与管理"时期的开始。同年胡利奥·A. 罗加将军就任总统之职，结束了阻碍国家统一长达70年的政治混乱。"八〇代"杰出人物——和罗加一起取得权力的地主和政治家集团的统治为加速现代经济发展提供了必需的政治稳定。这个民族国家牢牢地掌握在国家自治党（Partido Autonomista Nacional，PAN）手中，该党是地主阶级的政治工具。直到1916年，国家自治党确保了总统继位有序进行，随之而来的是政治参与的和平扩大，直到1930年。限制选举权和提供官方选举名单是"八〇代"的规则，推动进出口经济是他们的政策。

在历史上没有任何其他时期国家变化如此大，经历了如此长时间的经济发展。但是这有利于谁呢？

【走近阿根廷】

自由主义时期因其经济转型而著名。阿根廷变成了一个建立在出口农产品和进口欧洲的技术、资金、管理和劳动力的基础上的现代国家。它利用比较优势生产牛肉、小麦、羊肉以及面向国际市场的羊毛。城市扩大了，人口密度增加了，正如胡安·包蒂斯塔·阿尔韦迪（Juan Bautista Alberdi）和多明戈·E. 萨缅托（Domingo E Sarmiento）从前预想的那样，铁路建起来了。

倡导国家统一的阿根廷政治寡头决定限制经济扩张的社会影响。他们从来没有想到过物质的改善会改变令他们舒适的社会和政治价值观，但事实的确如此。他们邀请移民来补救长期的劳动力短缺，制造了桀骜不驯的工人阶级和满怀期望的中产阶级。最终，参与国家生活的要求迫使政治寡头向更民主的选举体制开放政治体系。这将会使精英阶层失去政治优势，尽管不是他们的财富。

自由主义指的是一整套思想纲领，它支配了阿根廷两代寡头和政治家，1880年到1916年巩固国家权力和实行统治的一代，以及1916年至1930年更体现社会多样性的一代。从广义上讲，他们的自由主义代表了经济进步、贸易开放与市场开放、外国投资以及一个强大的中央政府。阿根廷的自由主义，在今天的一些国家可能会被称为保守经济学，不应该和扩大政治参与及进行社会改革混淆。总体来说，这是一种精英享有并且为了精英的统治制度。

但是寡头们无法在受益于经济转型和扩张的同时，阻挡社会、政治变化的潮流。在阿根廷，经济现代化意味着移民、中产阶级的形成和劳工动员。从自由主义时代获利最丰的地主寡头被迫向从他们的自由经济政策中产生的新兴政治和社会力量做出重大让步。尽管如此，阿根廷历史上此前和此后的政治稳定和物质增长都无法和自由主义时期相比。

第二节　罗加和“八〇代”

首先，阿根廷政治家必须解决布宜诺斯艾利斯的地位问题这个痈疮。19世纪70年代，港口人保持着对港口贸易的控制权，负责征收那里的关税，用共和国最大的省民兵武装维护着他们的特权。19世纪70年代，来自外省的多明戈·E. 萨缅托总统和尼古拉斯·阿韦利亚内达（Nicolaás Avellaneda）总统在国家首都实行统治，几乎像是布宜诺斯艾利斯省省长的客人。最终，罗加将军在1880年的总统选举中击败了一个港口人，这个胜利有助于解决联邦化问题。在港口民兵武装因为又将出现一个外省人当总统而举行叛乱时，罗加将军在联邦军队的帮助下粉碎了叛乱。

罗加总统将布宜诺斯艾利斯城和港口置于中央政府的直接管辖下，并且迫使布宜诺斯艾利斯省省长把省府搬到拉普拉塔城，从而实现首都联邦化。

> **【走近阿根廷】**
>
> 联邦政府不仅完全控制了关税收入，而且废除了所有的省民兵武装。在建国的这些最后行动中，罗加将军及其政治同盟得到了联邦军队的完全支持。阿根廷共和国终于成了一个名副其实的共和国。

尽管“八〇代”的政治霸权建立在拉丁美洲最富有技术创新的经济基础之上，但他们也尊重如施以恩惠（patronage）那样的政治传统。国家政治中将不会有英才管理（制度）。罗加的国家自治党不是一个有明确政治纲领的政党，而是一个想要延续自己权力的公共官员的组织。非正式联盟持续战胜选举的合法性和法治。国家自治党的天赋在于罗加及其合伙人的能力，他们形成的政治联盟得到外省寡头选举舞弊的支持。“政治力量”，罗加说，“在于知道如何同时既扮演狮子又扮演狐狸”。他把自己的政治纲领称为一个“和平与管理”的纲领。

一个知识分子对“八〇代”的描述

国家的统治者从一个阶层的公民中吸纳，尽管这没有完全形成等级制度，但它仍然形成了一个管理阶层。这个阶层大体相当于社会最高阶层，由传统家族的成员、富人和受过教育的人组成。这个阶层成员之间或多或少地保持着紧密的社会和经济关系，并且很自然地有着共同的情感和主张。

……没有这个共同的准则，就不存在他们不分党派政治的相互效劳和给予特殊照顾。不同政府岗位的公民带入公共管理中的就是这个管理阶层的道德准则，由此他们管理着国家利益。

政治妥协是否代替了派系之争？由于各省派系为了摧毁当地的敌人，寻求联邦当局的外部干涉，事实上叛乱在竞争者的争权夺利中持续发生。尽管国民军已经实现制度化和职业化，但并没有远离政治。文官仍然影响着部队里的升迁，并且为了自己的政治利益操纵军官团。执政党国家自治党的反对派竭尽所能地发动阻挠和叛乱。在1890年、1893年和1905年的政治危机中，他们收买军官，策划了暴动，当然在政府的镇压中也首当其冲。由于反对派也接受，因此克里奥尔政治（la pol í itica criolla）（旧式克里奥尔——即考迪罗谋略）保存了下来。

【走近阿根廷】

铁路的延伸和欣欣向荣的农业出口抬高了土地价格，为政治圈中的人士开启了新机遇。以地方为根基的精英家族继续主导省内政治并且为了控制国家进行竞争。位于布宜诺斯艾利斯的国民政府可以采取宪法规定的集权工具——联邦干涉，调节地方竞争对手之间的冲突。然而，它并没有根本改变地方层面的政治参与原则。

实际上，世纪之交阿根廷的保守秩序混合了布宜诺斯艾利斯开明的中央集权主义和外省的等级传统。罗加是个出色的妥协者

和精明的谈判人，他把这些技巧和自己的军事威望结合起来，团结外省的政治组织。铁路和电报这样的技术进步也为罗加扩充联邦权力做出贡献。此外，贸易扩张把联邦金库充实起来，从而使罗加可以为传统的赞助形式提供更多的援助。他的朋友和支持者在征服荒野战争之后的土地热中获益。

在自由主义时期，尽管地主在各省保持着政治权威，但国家权力的构成更为复杂。并非所有的政治家都来自“名门”，事实上，许多政治家代表了新近获得财富、接近财富的阶层，或者是外省身份与新关系混合的阶层利益。国家自治党的统治可能代表了富裕寡头的利益，但国家自治党的政治家们一直是一群特殊的有经验的人和贩卖影响力的人。国家在阿根廷并非经济精英的被动工具，而是形成了与寡头政治不同并且越来越对立的抱负和权力。这种国家与寡头政治的分离在适当的时候会变得明朗。总而言之，这个前所未有的政治和平时代得到了充满活力、不断扩张的经济的支持。

第三节　技术变革和经济增长

在自由主义时期，阿根廷经济的许多活跃部门吸收了新技术。这一时期在外国投资、铁路建设、与工业国家之间的贸易和向大草原移民方面，似乎已经实现了1884年辞世的阿根廷经济学家、法学家胡安·包蒂斯塔·阿尔韦迪当年的预想。农业出口欣欣向荣，内陆省的老产业，如门多萨的葡萄酒产业和图库曼的制糖业都显著扩大。在这个经济转型时期，阿根廷没有工业化，然而制造业的确扩大了。

有些阿根廷人一直认为，1930年以前那段时间工业化的缺位造成了阿根廷的一个长期问题。尽管经济的确增长了，然而，因为“八〇代”没能带来工业革命所能够提供的“自我持续”的经济增长，国家仍然“不发达”。批评家们提出了各种解释，强调出口增长中出现的矛盾和病症：资本和商业资产掌握在一群对制造业毫无兴致的地主精英手中，只有出口和食品加工行业有外国投资、政府对工业发展缺乏热情、移民制造商缺乏政治影响力，以及来自外国进口消费品的竞争。这些特点概括得很准确，然而阿根廷工业的确取得了令人惊讶的成就，正如每年9.3%的增长率所证明的那样。

【走近阿根廷】

阿根廷加入到世界经济的普遍趋势中，并从其不断变化的结构中受益匪浅。

从1873年到1898年，欧洲经济的特点是商品价格下降，特别是食品价格下降。和平稳定的环境和低利率，尤其促进了英国在技术创新上的投资，如铁路建设、使用蒸汽动力与钢材船体的航运。同时，英国人口增长，人均食物消费量也上扬，阿根廷的廉价食品有了市场。

为了应对国际市场，阿根廷政府积极推动全国铁路体系的建设，制定了吸引外资投资铁路建设和管理的经济政策。1862年，米特雷政府给予外国企业家土地和车站，向外国公司提供在阿根廷的合作者地位，确保他们不受政府盘剥。他还保证投资者7%的年收益率。然而，没多久，这些保证收益就变成了一个重要的预算项目，甚至导致了19世纪80年代后期可耻的滥用职权。自由主义政治家的腐败朋友们为了从政府那里获得富有保证的收益，经常重复修建铁路线，铁轨铺设也没有计划可言。截至1892年，已经注册的28家单独的铁路公司中，大部分都没有偿付能力。

即使如此，政府对铁路建设的推动还是卓有成效的。截至1880年，阿根廷已经投资约6100万金比索，铺设了约1360英里的

铁轨。从1900年至1914年，铁路投资增加了150%，铺设铁轨长度上升到21390英里。阿根廷铁路运输货物吨位和旅客人数的增长令人惊讶。潘帕斯谷类作物的种植，一个19世纪70年代微不足道的商业活动，随着铁路扩张相应地发展起来。铁路货运还涵盖了更大数量的牲畜、工业品和建筑材料。阿根廷成为拉丁美洲铁路最发达的国家。

【走近阿根廷】

铁路建设并非国外和国内投资者投资的唯一部门。资源流入商业公司、土地与抵押公司、城市公用事业、银行、肉类加工厂以及建筑公司。阿根廷的外国投资总额，包括法国、德国和美国资本在内，有时达到每年300多万金比索（300万美元或50万英镑）。

在这个令人兴奋的高流动性环境里，银行和信贷机构蓬勃发展。截至1913年，阿根廷有143家银行，拥有资本超过5.52亿金比索。这些银行的金融政策倾向于推动贸易和商业，特别是阿根廷和欧洲之间的贸易。在一群阿根廷“工业家”的鼓动下，1891年成立的阿根廷国家银行（Banco de la Nación Argentina）把绝大多数资本贷给了农业和商业企业。许多政治家也利用自己的影响力动用国家银行的资本。罗加总统本人提取了超过100万金比索的贷款。

第四节　出口部门

阿根廷围绕着出口农牧产品构建了国家的繁荣。在这方面，政府决策者和地主表现出对新经济机会惊人的接受能力。他们不断利用变化中的国际市场结构，并且巧妙地吸收必要的技术。

这个时期的经济活力并非依靠一两种产品，而是在旧的商品出口停滞不前时，大力开发新的大宗出口商品。例如，19世纪晚期，粗羊毛为阿根廷挣得大量外汇，而1910年，小麦和谷物扩大，迅速成为最重要的出口商品，此时阿根廷挑战美国成为世界上最重要的小麦出口国。世纪之交，冷冻牛羊肉变得大受欢迎，从而挑战小麦的主要出口商品地位。阿根廷出口市场变得多样化，尽管与英国的贸易联系仍然密切。从1909年至1913年，四分之三的阿根廷出口商品销往大不列颠以外的国家。

养羊人代表了阿根廷地主如何利用新技术的能量提高生产力的一个范例。1850年后，粗羊毛替代毛皮，成为主要的出口产品，并且持续主导出口直到1900年。梳毛机在英国工厂的完善刺激了阿根廷羊毛的出口，此时正在繁育美利奴良种羊的养羊人在1880年能够出口2.16亿磅粗羊毛，10年后达到3.1亿磅。

【走近阿根廷】

世纪之交，当1900年冷冻肉类加工时代降临布宜诺斯艾利斯时，阿根廷繁育良种羊的人迅速转向繁育身体更魁梧的林肯羊。随后，阿根廷供应了大不列颠30%的新鲜羊肉和45%的活羊和羊羔进口。

靠近圣菲省罗萨里奥的圣伊莎贝尔牧场里不断变化的生产

在我结束1888年的访问几年后，从布宜诺斯艾利斯向外蔓延的大批意大利垦殖者已经到达了圣伊莎贝尔（一个60平方英里的庄园）：正是他们使这里发生了变化。

土地一次性地租给他们，每次10平方英里。他们把看起来是难以穿越的乡间牧区，变成苜蓿牧场。他们引进了良种，牧区用围栏分隔，在育种时更加小心；因此，在很短的时间里，牧场的利润实现跨越式增长。

养牛人以同样的敏捷转向种植谷物。有三个因素使小麦种植在这一时期有利可图：铁路延伸穿越大草原，移民到来成为农业劳动力，以及欧洲越来越依赖外国谷物。阿根廷

从国外进口耕作技术——机器、铁蒺藜和风车，从而改变了农村生产。一个英国访客在离开20年后于1900年重返阿根廷，他注意到“一个全新的面貌，整个阿根廷都使用了哨兵式的风车，把水压送到供应家庭用水或给饮水槽灌水的水库，约30英尺高的空心铁柱逐渐变细，上面嵌着不断转动的叶片”

19世纪60年代和19世纪70年代，欧洲移民居住的农业垦殖区首先在圣菲省和恩特雷里奥斯省开始种植谷物。此后，小麦种植转移到布宜诺斯艾利斯省更肥沃的土地上。那里的地主应对市场压力转变了经营。承租人在牧场上犁地，播种几年小麦。然后他们种苜蓿，把已经改良过的牧场土地还给养牛人。到1910年，布宜诺斯艾利斯省已成为最重要的小麦生产省，小麦种植面积超过整个国家150万英亩土地的三分之一。

粮食生产的发展使改善商业体系在种植与食品加工方

面使用新技术成为必然。随着种植面积扩展到布宜诺斯艾利斯省的养牛地区，铁丝网的进口增加。第一次世界大战之前的几年里，每年有8.9万吨做篱笆的铁丝通过阿根廷海关进口，而且阿根廷也开始大量进口收割机和打谷机。谷物提升机改善了仓储和港口设施，装在麻袋里运输的小麦数量迅速减少。而这在过去曾经造成搬运问题：在收获季节使宝贵的铁路车皮拥塞。面粉厂迅速在布宜诺斯艾利斯省的港口城市布兰卡港（Bahia Blanca）和罗萨里奥出现。到1912年，阿根廷加工了所有国内消费的面粉，还出口14.55

【走近阿根廷】

阿根廷的肉食品出口也是一个技术变革，使国家获得巨大世界市场。自1820年以来，腌牛肉和干牛肉一直是重要的出口农产品，但在欧洲消费者中并不十分受欢迎。最后，1876年，氨水冷却与压缩空气制冷实验的成功标志着一项重大技术的突破。完善冷鲜肉和冷冻肉的加工与销售技术用了20年，在此期间，阿根廷牧场主用英国的短角牛品种替代了本地产的长角牛。过去的屠宰腌肉厂倒闭了，布宜诺斯艾利斯附近的几个冷藏包装厂开始加工冷鲜肉和冷冻肉。第一次世界大战前夕，这些冷藏包装厂每年差不多加工44.08万吨冷鲜牛肉和6.61万吨羊肉用于出口。

万吨,主要销往拉丁美洲其他国家。

农业部门和加工业的惊人发展在有限的进口替代过程中帮助了阿根廷,即阿根廷开始在国内生产过去需进口的产品。1880年,食品、酒类和烟草占总进口的40%,1913年同样的商品下降到占总进口的13%。阿根廷很多建筑材料、工业和农业机械及运输设备仍然从国外进口。第一次世界大战之前,资本货物占总进口的三分之一。各种类型的进口消费制成品仍然占很高比例,占总进口的37%。很明显,稳定的产品出口带来了整个阿根廷经济的扩张,并为社会和工业发展树立了榜样。

第五节　移民与城市化

第一次世界大战前阿根廷社会规模的增长与大宗产品出口的增长同样令人印象深刻。城市中心扩大，形成了一个全国性市场，农村企业找到了廉价劳动力来源，外国出生的企业家创立了一系列的制造企业。在很大程度上，阿根廷的社会发展是大规模移民的结果，自由主义政治家和地主精英一直认为移民对经济增长至关重要。1880年至1916年间，大约有290万移民永久定居在阿根廷，当时至少30%的人口是外国出生的。另外100万移民在20世纪20年代到达阿根廷。欧洲战争爆发时，阿根廷人口已经增长到大约800万。在1930年，人口超过1000万。

【走近阿根廷】

整个19世纪，阿根廷城乡的工资水平都得到了提高，特别是在布宜诺斯艾利斯和沿海省份更具活力的出口经济中更是如此。在进行大规模边疆垦殖时期，劳动力稀缺抬高了工资水平。食品和其他商品的价格上涨可能在某种程度上抵消了工资的上涨，但在19世纪最后25年里，城市工资的上涨水平远远超过生活费用的上涨。迟至1907年，一个参议员仍然担心阿根廷长期存在的劳动力短缺问题，担心铁路支付的高工资会吸引所有的男性农业劳动力离开收割工作。

工人们从欧洲移民到阿根廷的目的是改善生活或者“塑造美洲”。实际工资的上涨有充分的吸引力，成千上万的欧洲移民来到阿根廷。除了在1891年和1895年的萧条时期—当时许多欧洲人返回故乡—阿根廷的工资持续超过意大利和西班牙的工资。这种趋势有利于来到这个城市的工人。“布宜诺斯艾利斯的生活总是一样的”，一个移民给他在意大利的父母写信说，“这里有大量的建筑工程。工人们利用这一点设法得到每天8小时的工作时间，工资根据行业不同有所变化。平均工资是4比索，但是没有谁的工资低于这个数，除了没有技能的工人。”(Baily and Ramella 1988,66)到1895年，80%以上的布宜诺斯艾利斯熟练工人和手工劳动者是外国人。

阿根廷接受的移民中最大部分来自地中海国家。1857年至1914年，意大利移民占了移民总数的49%。与美国的大量移民来自意大利南部相反，阿根廷吸引了意大利北部农业地区的移民。来自西班牙的移民数量居第二位，还有少量的法国人、德国人、俄国人（特别是俄国犹太人）。

阿根廷不断增长的经济往往把移民吸引到更新的、更具成长性的部门。许多移民从事农业(将近12%)和商业贸

易(9%),但更多的人从事制造业或手工艺(17%)。蜂拥到布宜诺斯艾利斯的外国人找到了当老板、经理和工人的机会。尽管外国人避开传统的本地企业,但1914年仍然有40.9%的地主是外国人。超过四分之三的制造商和商店经理是外国人,62%的葡萄酒制造商是移民。此外,移民找到了工作、更高的工资和作为城市工人更多的上升机会。布宜诺斯艾利斯工人比巴黎工人的实际工资平均高25%。因为在布宜诺斯艾利斯,一个有经验的技师定期存钱10年后就可以买一块地建一所房子,拥有郊区住房对节俭的熟练工人而言成为现实。

【走近阿根廷】

1869年至1914年,布宜诺斯艾利斯城的人口增长了8倍,从接近17.8万人增加到150多万。1936年普查员计算布宜诺斯艾利斯居民时,又多了100万人。由于外国男性超过外国女性,移民增加了城市中男性居民的总体比例。这一时期,阿根廷首都经历了最激烈的变革和增长,在此期间,工人阶级和中产阶级郊区都蓬勃发展和扩大。布宜诺斯艾利斯成为拉丁美洲人口最多的城市中心,是世界上10个人口最多的城市之一。全阿根廷几乎有三分之一的人住在布宜诺斯艾利斯。

一个意大利移民描述他的工作机会

布宜诺斯艾利斯,1903年5月3日

亲爱的父母、兄妹:

正如你们在信头上所见,我又到了布宜诺斯艾利斯……我在这里很好,身体特棒;工作也不错。正如我在恩特雷里奥斯的圣特雷莎(Santa Teresa)写给你们的信中所说的,我必须得不断地动。我2月底离开那里,直接到圣菲,在那里我接受了一个法国铁路公司的工作。我干了几天,但因为法国人和意大利人不能很好相处,我就继续前行。第二天,我去圣克里斯托瓦尔(San Cristobal)。由于那里仍然全是黑人*,我只待了3天,又直奔图库曼。在那里我找到了个好工作。但由于图库曼地区有疟疾……并且那时候出现天花,而且似乎开始蔓延,我很害怕,就又动身了。我本来想去玻利维亚,但由于我离大城市太远了,这对我太不方便。于是我向着首都方向去。坐了几乎两天三夜的火车,我向你们保证,我太累了,已经受够了旅行。

我在这里已经待了将近一个月,在正在建设中的国民大会(Congreso Nacional)找了个工作;这个活至少能干6年。我在这儿很好,如果不是必须服兵役的话(在意大利),我会一直待到最后。+那对我非常有好处……

Oreste

*此处作者很可能指的是土生的工人。

+他再没回到意大利。

【走近阿根廷】

1895年至1914年，安第斯山麓葡萄酒年生产量增加了40%。以图库曼为中心的蔗糖产业，产量增加了一倍多。因此，在新世纪之初，外国葡萄酒和蔗糖的进口开始减少。

移民也到内陆定居，但是阿根廷第二大城市——圣菲省的罗萨里奥只有22.3万人，只相当于布宜诺斯艾利斯人口的六分之一。阿根廷其他47个城市每个城市居民人数都超过1万人；第一次世界大战使一半的阿根廷人城市化。加上铁路的延伸，不断上升的城市人口已经形成了一个全国性市场，刺激了内陆省的国产葡萄酒和蔗糖产业。

随着人口的迅速增长，阿根廷的首都发展起伴随现代城市生活的各种服务和公用事业。在总统府视野之内，英国金融家和技师建造了一个由码头、谷物提升机和液压设备组成的现代化的港口。1888年，英国人的燃气公司开始在布宜诺斯艾利斯城安装煤气照明。在世纪之交，电气化和电车轨道系统使得城市向郊区社

【走近阿根廷】

在整个19世纪，精英阶层歧视工人阶级是不变的主题。此外，高乔人子弟仍然更愿意在他们所熟悉的生产牛的环境中工作，把耕种、养羊和城市工作留给移民。

区扩展。1914年，有轨马车和有轨电车在全城1860英里的轨道上行驶，运载了将近4亿乘客。电报、电话线横跨全城并伸入外省中心。1880年至1910年，沿海和河流航运增长了9倍，将沿海各省和布宜诺斯艾利斯的商业和交通枢纽联系起来。

此外，这一时期的出口经济导致了对学校的重大投资，因此阿根廷成为拉丁美洲的教育领头人，全民识字率达到62%。大多数移民到达阿根廷时已经识字，这比阿根廷本身的教育成功对全民识字率提高的作用更大。能够读写的移民比本地出生的阿根廷人多。到1909年，大约59%的学龄儿童上小学。对布宜诺斯艾利斯而言，这个数字高得多，为83%；这个教育体系的缺点之一（就国民经济发展而言）是古典教育仍然占主导地位。几乎没有中学生接受任何技术培训。此外，大多数人的教育停留在小学水平。

对所有工人而言，总体生活水平或许已经提高，但是欧洲移民参与经济改善的程度高于克里奥尔（本地出生）工人。

阿根廷专用语“切”的来历

“切”已经成为阿根廷西班牙语口语的标志之一，如在“Come estás, Che?”(你好吗，老兄?)这句话里。每个人都称别人为“切”。探戈歌手卡洛斯·加德尔(Carlos Gardel)喜欢说咖啡馆俚语，他在谈话中大量使用像“Macanudo, che, macanudo”这样的评论，这是非常具有阿根廷特色的表达法，意思是“好，老兄，非常好”。后来，年轻的革命家埃内斯托·格瓦拉(Ernesto Guevara)在拉丁美洲旅行中如此频繁地使用这个词，以至于到1955年，当他首次见到菲德尔·卡斯特罗和其他古巴起义者时，他已经被起了这个绰号“切·格瓦拉”。后来，他的名字在人们的记忆中简化为“切”。

“切”这个词可能来自阿劳坎印第安语，这种语言在18和19世纪已经成为居住在潘帕斯南部和巴塔哥尼亚地区印第安部族的通用语。以下是卢西奥·曼西利亚(Lucfo Mansilla)的解释，1870年他曾经在边境地区度过很长时间：

夜晚温暖而晴朗，诱人谈话，我们只需阅读星月的光辉。我抓住这个机会学点阿劳坎语。终于，我明白了某些词汇的意思，我曾经为之求索良久，如皮昆切(Picunche)、佩尔切(Puelche)和佩文切(Pehuenche)印第安人。“切”根据上下文可以理解为“我”、“老兄”、或“居民”。因此，皮昆切的意思是“居住在东部的人”。

【走近阿根廷】

虽然阿根廷城市社会贬低土生有色人种，但是在移民子女中也产生了社会融合。欧洲移民的服饰、语言和文化成为港口社会所有阶层的嘲笑对象。

世纪之交的移民子女开始拒绝父辈的传统，拥抱“阿根廷的东西”。在阿根廷，回归西班牙价值观的一个主要倡导者是埃米利奥·贝克尔(Emilio Becher),一个荷兰移民的孙子。移民后代何塞·拉萨诺(José Razzano)和卡洛斯·德尔1917年成为复兴传统"克里奥尔"或"高乔"音乐的主要创新者。另一个移民之子马克斯·格卢克斯曼(Max Glucksman)成功地使用了这种二重唱。

由于统一性维护了社会等级制度,它成为使移民融入阿根廷社会的强有力的机制。关于一个高乔人的戏剧《胡安·莫雷拉》(Juan Moreira)在1886年至1920年间成功地连续上演。上流社会阿根廷人已不再把高乔人看作是粗俗、无知、傲慢、暴力和懒惰的,这些是多明戈·F. 萨缅托(Domingo F. Sarmiento)此前半个多世纪对他们的归纳。现在,高乔人是阿根廷民族基本性格的来源:富有同情心、典雅、重视荣誉、忠诚和慷慨。为了应对这一时期的大规模移民,阿根廷人突然接受了19世纪晚期的高乔文学,特别是《马丁·菲耶罗》(Martin Fierro)。这首何塞·埃尔南德斯1872年所的叙事诗把乡下人描述成高尚、光荣的,而城里的商人和政客显得奸诈、堕落。正如埃尔南德斯所写的:"高乔人愿意住在自己家乡/绝对安全/但现在——这成了罪责!/诸事如此扭曲/可怜的人耗尽生命/逃离当局。"(1961,21)阿根廷城里人甚至习惯了用一个源自潘帕斯印第安人、由高乔人带到城里的最流行的称呼语:朋友以及亲戚开始互称"切"。

第六节　现代制造业的起源

第一次世界大战前的阿根廷工业显著扩张，但不是自我维持的增长。19世纪90年代，普查显示制革厂、铁匠铺、木器和金属加工厂、香烟和火柴厂、麻袋厂、鞋和衬衫制造厂已经发展起来，以满足更大的国内市场需求。在劳动力和创业精神的培养方面，实行移民显然有利于阿根廷。国内大多数工业企业的主人是移民和外国人。1910年，只有21%的老板是阿根廷出生的。尽管社会习俗也许没有给予选择从事工业的本地人威望，但移民的创业精神肯定纠正了这种失衡。

【走近阿根廷】

阿根廷的食品加工商似乎已经在初级制造商中取得绝对主导地位。面粉加工、肉类加工、葡萄压榨、制糖已经成为这一时期最有活力的行业。虽然本地和移民企业家控制着面粉和葡萄酒生意，但大多数制糖和肉类加工行业仍然在外国管理人员控制之下，这些外国人对把他们的技术传播到阿根廷其他行业没有兴趣。

随着国家经济的一体化，阿根廷的第二产业取得了令人瞩目的增长。然而，这些产业也遇到了障碍。阿根廷的发电机、蒸汽机和铁路机车依靠进口的煤和焦炭运行。由于缺乏煤矿和铁矿，阿根廷不得不进口第二产业所需的大量原材料。实际上，钢铁制造厂80%的原材料来自国外。

第一次世界大战刺激了同时也阻碍了阿根廷的经济繁荣。其大部分贸易伙伴卷入欧洲战争，停止购买阿根廷产品。同样，大不列颠和法国的工业转向战时生产，几乎不再制造阿根廷消费者习惯购买的产品。消费价格骤升，中产阶级和工人在生活成本升高之际又面临着失业率上升的压力，1917年发生了激烈的罢工和阶级冲突。尽管如此，生产消费品的国内厂商扩大了各种传统上依赖进口的商品的生产。阿根廷人购买了更多的本地产的纺织品和皮革制品。小型机器作坊开始生产以前从国外进口的机器和玻璃器皿。

第七节　有地者和无地者

阿根廷精英家庭一直能将他们的社会经济地位保持三代。总督时代的西班牙商人精英在阿根廷从西班牙独立后为他们的子女提供资金，把业务扩大到经营牧场。到1880年，殖民时代商人的孙辈正通过投资城市房地产、铁路和银行债券，以及合资股份公司，使自己以牧场为基础的投资组合多样化。在整个19世纪里，这些上流家庭为了在文化上和种族上保持欧洲性，彼此持续通婚。

阿根廷精英阶层在某种程度上对非西班牙欧洲人的输入保持开放。19世纪的经济扩张允许出身高贵的人接纳数量有限的非常成功的移民和移民子女，以及那些在政治中或与政治有关的生意中获得财富的人进入他们的圈子。许多富裕的英国人或其他外国商人在整个19世纪里已经和克里奥尔精英家庭联姻。像本赫(Bunge)、圣玛丽娜(Santamarina)、康巴塞雷斯(Cambaceres)、考兰(Gowland)、特恩奎斯特(Tornquist)和阿姆斯特朗(Armstrong)这样的姓氏意味着相当的地位。这些富裕家庭的第二代渴望加入阿根廷精英阶层最有声望的社会和经济组织。大地主是为他们的利益在公众论坛游说的农会(Sociedad Rural)成员。在社会组织上，精英家庭聚集在非常排外的马球俱乐部，俱乐部坐落在时髦的布宜诺斯艾利斯北区。农会和马

【走近阿根廷】

尽管出口扩张给地主精英阶层带来财富，但他们却被证明是蹩脚的企业家。

球俱乐部是阿根廷有影响力的寡头政治两个强有力的象征。新近富裕的家庭只能在第二代才有希望加入这些组织,因为只有继承的财富能够区分家世,暴发户被认为不配加入组织。

他们宁愿把钱投资在保值而非增值的某些企业——土地和牛、股份公司上。几乎没有阿根廷人投资修建铁路。他们把这种风险大的投资留给了外国人，特别是英国人,还有政府。然而,阿根廷精英阶层的确渴望用他们的家族特权和政治影响在当地经营的外国公司董事会谋求一席之地。这样做可以不用在现代化项目中拿家族财富冒险。

19世纪,取得精英地位除了财富以外,还有其他先决条件。出身好、保持一种柔弱的气质、受过良好教育和具有国际视野比获得社会地位的能力更有价值。任何非白人、私生子或出身可疑的人都不可能进入精英圈子。这些专属性原则甚至延伸到不断上升的中产阶级。不断增加的移民

家族成员往往在他们法国人、西班牙人或意大利人的社会圈子内通婚，很少进入克里奥尔工人阶级家庭。体面的家庭，无论是精英家庭还是资产阶级家庭，严密地守卫着自己的种族地位达几代人。

【走近阿根廷】

养牛业的扩张使土地集中在精英阶层手中，迫使自由高乔人到牧场工作，阻碍了潘帕斯平原上的耕种扩大。这种解释有点夸张。边疆垦殖的近期研究发现，土地所有权和农村生产有更多的种类。

占统治地位的精英阶层利用自己的社会政治地位攫取经济进步创造的最大增量财富。19世纪初始，精英家族住在布宜诺斯艾利斯市中心，紧挨着贫穷的工人阶级。如同殖民时期的传统，富裕家庭住在像堡垒似的一层或两层房子里，靠近五月广场(Plaze de Mayo)、总统府和大教堂。在布宜诺斯艾利斯，贸易活动也是以五月广场为中心。五月广场位于两个河岸街区内，这个河岸就是阿根廷货物通过的地方。因此1817年黄热病的流行在不卫生、拥挤的市区既困扰了精英阶层又困扰了穷人。

然而，到20世纪开始，精英已经搬离市中心，搬进北区(the Barrio Norte)。工人们可能会到这个独立的巴黎风格的别墅区干

活，但只有家用仆人住在这里。在庄园里，地主修建起豪华的城堡，放弃了传统的茅草屋。如一个当代英国作家所观察到的："毫无疑问，不断增长的财富在不同社会阶层之间竖起了樊篱，使穷人感觉到了自己的贫穷，富人知道在必须进行的战斗中，疏离是最好的武器。"（Walker 1978，150）

1880年以前，为了缩小庄园的规模，对最早的大型养牛庄园的分割过程已经在进行。胡利奥·A．罗加将军的征服荒野战争暂时逆转了这个趋势，投机者与政界人士以成百上千平方英里的面积疯狂攫取着边疆土地。然而，很快的，铁路和谷物生产就将牛群向外推移，进入潘帕斯。随后羊群离开潘帕斯，迁移到巴塔哥尼亚。现在自耕农可以利用潘帕斯平原了。这次农业转型开启了新的生产方式，造成原有的养牛庄园被分割。

巴拉德罗（Baradero）农村地区是一个很有说服力的例子，可以证明这个趋势。1895年小于1000公顷（约2500英亩）

的地产仅占巴拉德罗的14%；剩下的是巨型庄园。然而，在15年内，以大庄园的缩小为代价，那些“较小”的土地单位增加了，占了巴拉德罗总土地面积的近85%。这些迹象表明，出口增长催生了旧地产的分割以及新土地的垦殖。同样，牧业和农业出口增长导致了职业扩散。在大地主变富的同时，出现了一个农村中间人群体，他们由商店经理、小种植者、仓库保管、买主和卖主构成。

尽管如此，可以肯定的是，移民最初并没有从土地所有权扩散中受益，至少在潘帕斯如此，养牛人和投机者把移民赶到远离市场和铁路交通的公地上。相反，新到的移民定居在圣菲、科尔多瓦、恩特雷里奥斯和科连特斯偏僻地区没有使用过的公地上。由于那里的农场得到一个德国犹太慈善家巴龙·莫里斯·德·希尔施(Baron Maurice de Hirsch)的资金赞助，恩特雷里奥斯腹地的一个地区因其“犹太高乔人”而著名。

尽管如此，潘帕斯平原的大部分外国人是小佃农。整个移民家庭和牧场主签订租赁合同，围起一部分牧场，第一次耕种这块土地，种植小麦。佃农和地主分享小麦销售收益。换言之，阿根廷潘帕斯的养牛人无须变成农民就参与了小麦出口。当时的一本农业期刊描述普通的佃农合同：“土地先分成四五千英亩的放牧牧场，用围栏围上，然后再划分成经过测量、标好数字的地块，每块500英亩，没有间隔线。这些地块以三年期合同出租给意大利农民，他们自带设备和供应品，同意在合同期结束离开时，把土地种上苜蓿，苜蓿种子由地主提供。”

【走近阿根廷】

外来农民的生活并不稳定，他们的生存依靠地主的善心和好的谷物价格。当农产品市场价格下跌时，他们与牧场主的关系会很紧张，此时，佃农采取反抗，要求放宽合同要求。1912年恩特雷里奥斯的佃农罢工就是这种情形。有些佃农通过勤奋工作、生活节俭，存钱租下或买下自己的农庄，取得了成功。潘帕斯的大牧场主也向城里来的暴发户和政界人士出售部分地产。

对1912年佃农罢工原因的一种当代看法

垦殖者(佃农)付给地主33%的谷物,精选谷粒、脱粒、装袋、送到火车站;他们只能用地主提供的脱粒机;从地主手里买袋子;除非地主同意,谷物只能卖给他,不能卖给第三方;只允许佃农租10%的牧草牧场,为此他们每年每块地付30美元(30比索),如果要求更多的牧草地,他们必须付两倍的价格。佃农需要的所有食品必须从地主的商店里购买。在允许他们养的4头猪中,必须有一头给地主;地主自己挑选,猪的体重需保证不低于120公斤(265磅)。垦殖者现在要求,地租减少到谷物的25%,谷物只送到脱粒机前,做好装袋准备,符合出口条件;他们愿意把谷物卖给谁就卖给谁,但在脱粒后的8天内,同等条件下地主优先。佃农自由购买袋子和所有的商店商品,免费得到6%的牧草放牧区。

在内陆各省购买土地原本可能容易些,铁路到达那里使几个地区的经济体商业化。在科尔多瓦,城市移民购买郊区的小块土地和农场,随后租给迁移到这里的人或没有土地的本地人。小规模地产的数量在图库曼也增加了,尽管该省定居的移民更少。意大利人在门多萨通过合同获得分割的土地种植葡萄。

【走近阿根廷】

移民在建立葡萄压榨厂、开发葡萄园上的作用使最富裕的外国人得以加入地方寡头政治。移民作为签约人搬到这里,负责雇佣和监督非熟练工人在葡萄酒酿造各个环节的工作。门多萨地方寡头利用这些外国移民中间人约束那些懒惰的国内的移民工人。在经历资本主义扩张的内陆地区,土地被细分。继当地乡绅之后,外国人似乎也受益了。

没有哪个地方比圣菲省更能

确凿地证明这一点。铁路刺激了那里集约农业的增长。1872年，外国人开始在北部获得土地，建立了以家庭为基础的玉米、亚麻和花生种植。在中部的小麦种植区，有迹象表明在小规模和中等规模的生产者之间出现社会流动。在最古老的农业聚居区，生产者本身土地拥有率更高，而新农业区主要是租客和收益分成的佃户。因此，19世纪晚期不断扩大的小麦出口使租客有能力购买他们耕种的土地。1895年，圣菲省48.9%的农耕家庭拥有自己的土地，全国的平均值大约为30%。这个农村中产阶级由意大利、德国和瑞士移民组成。阿根廷人仍然是精英阶层养牛牧场的雇工。

然而故事并没有以财富的有差别分享结束。社会阶层分化和种族歧视引起怨恨和对抗。阿根廷精英阶层能够利用这种矛盾，在经济变革面前维护表面上的旧秩序。

第八节 外国佬和克里奥尔人

大量移民在这个传统上的后殖民社会里加深了本地人和欧洲人的分化。移民被称为“gringos”,意思是“外国佬”、“新来的”或者是“生手”。在精英阶层变得富裕和遥远时,大量移民促进了熟练工人阶层和白人中产阶级的发展,使本地生工人进一步边缘化。事实上,克里奥尔这个词的意思已经发生了变化:殖民时期,克里奥尔指的是阿根廷出生的西班牙人;19世纪末,克里奥尔指的是阿根廷出生的、具有混合种族背景的工人阶层。

克里奥尔和外国人之间持续隔离、不平等,相互仇视。政治家们利用这种仇恨来维持社会控制,交替平衡移民和本地人的利益。这样两个群体都从属于他们,而且不具有威胁性。自由主义时期的阿根廷并非一个种族大熔炉。

尽管两个群体可能都从事体力劳动,但克里奥尔人和外国人的生活是隔离的。他们中只有一个——那就是外国人——有机会向高一些的社会阶层流动。阿根廷工人力量的确随着经济发展壮大了,但是克里奥尔人被制度性地排斥在进步之外。外国人比阿根廷工人阶层有文化。熟练移民工匠只雇佣其他移民当熟练工和学徒工,因此

【走近阿根廷】

由于遗传了印第安人、非洲人和欧洲人的基因,克里奥尔人皮肤黝黑,而移民是白人。除了种族差异,文化和语言也经常把外国人和克里奥尔人分隔开。

把克里奥尔工人贬低到建筑业中那些不怎么需要技能的岗位。移民称霸工匠行业的部分原因是精英阶层对欧洲风格物件的喜好，无论是本地造的还是进口的。因此移民保留了对阿根廷商店管理和制造厂的控制权。1910年，80%的制造厂的主人是外国出生的人。尽管城市职业为妇女提供了更多的工作，但移民对小型制造业的主导意味着移民妇女比本地出生的妇女有更多的工作机会。

【走近阿根廷】

1895年，科尔多瓦城市克里奥尔女人比男人多6000个；但在乡下，克里奥尔男人的数量远远超过女人。克里奥尔工人缺乏有凝聚力的家庭结构为他们提供安全和在社会中的进步。

克里奥尔工人阶层的家庭生活一点也不符合传统的西班牙价值观。从殖民时期起，通奸、私生子和虐待妇女就在阿根廷工人阶层穷人中广泛存在。大量被遗弃的孩子居住在布宜诺斯艾利斯的许多工人街区。在乡下，本土出生的人结婚的不到三分之一。克里奥尔人很难有家庭生活，因为克里奥尔工人阶层的男人和女人生活隔绝。

那些来到乡下的移民与克里奥尔人保持距离。外国人作为商店经理和农场租客，经常成为克里奥尔雇工的雇主。而且，恩特雷里奥斯的意大利农民开始逐渐厌恶克里奥尔人行为粗俗和性格暴烈。他们把克里奥尔人称作“黑鬼”，几乎从不与之通婚。在布宜诺斯艾利斯省的潘帕斯，外国人找到小商人、技工和佃农的工作，与克里奥尔人有效地竞争这些职位。同时，曾经在乡下自由徜徉的高乔人，发现自己必须作为顺从的雇工定居下来。新的铁丝网围栏阻止了早年不受约束的流浪汉到处游荡。

有人不在意高乔人的消失。“这有利于国家”，著名知识分子莱奥波尔多·卢戈内斯（Leopoldo Lugones）1993年演讲时说，因为高乔人有“部分印第安血统，一种劣等成分”（Mendez 1980，85）。即使如此，克里奥尔人的普遍边缘化并没有妨碍把传说中的高乔人美化为传统阿根廷民族性格的宝库。

然而，“八〇”代政治家，如罗萨斯看到了迎合被剥夺者的好处。为了反对移民的要求，政府招募克里奥尔工人阶级成员充当军人和警察。外国人免除服兵役，因此本地出生的乡村男性充斥着军队的各个阶层，以当兵为职业的克里奥尔人是军士。根据一份军队出版物所言：“我们的士兵绝大多数从农村工人阶层招募而来，他们没有钱，衣衫褴褛，甚至食不果腹，没有房子，没有家，从婴儿时代起，就有了令人遗憾的习惯和偏好。很可能为了减少他们天生的贫困或因游手好闲造成的不

可避免的后果，直到迫切的需要使他们为得到微薄的薪俸入伍，或冲动驱使他们犯了罪，法官把他们派到军队作为惩罚。”（Ramlrez 1987,123）这些人由一个军官团率领，军官们绝大多数从省里或乡下乡绅中选拔。军官们存在两个极为明显的缺陷：人数太多而且缺乏训练。1891年，1360个军官率领6000个士兵。

【走近阿根廷】

1893年，圣菲省粮食生产者起义，反对为了支持国家自治党控制的省政府征收新的生产税。为粉碎这次外国人的反抗，政治家们汇集了那些非常想袭击外国人的克里奥尔养牛工人。一时间，割喉作为政治偏好的表达方式再次出现。政治家们在别的地方也制衡两个工人阶层群体。来自北部各省的印第安人和梅斯蒂索人形成了布宜诺斯艾利斯警察部队的精锐骑兵队，他们特别热衷于驱散移民劳工骚乱和工会聚会。

“八〇代”政治家相信，他们可以依靠警察和军队反对外来工人和农民。

然而，事实证明，从长期来看，军官对寡头并不那么忠诚。他们主要从最贫困省份处于边缘的精英阶层中招募而来。地主寡头的儿子回避资产阶级军官枯燥的升迁生活，因此，军官团往往支持他们自己的中产阶级利益。他们憎恶精英阶层可以到国外旅行

以及对所有欧洲东西的迷恋；他们仍然怀疑“损坏了”阿根廷西班牙语和组织了工会的第一代移民；他们蕴藏着怨恨，反对外国资本的势力，特别是英国铁路大亨和开采石油的美国人。尽管此时的军官不是精英阶层政府的威胁（1880年至1930年间没有发生过军事政变），有一种趋势正在发展，未来的军官将会支持公共秩序和民族主义而不是继续支持寡头统治。

如果一个年轻的阿根廷人1870年离开祖国，35年后返回，他或她一定会惊异于国家生活发生的巨大变化。印第安人已经被从边境地区根除，在曾经只有牛群徜徉的地方，外国农民在收割小麦。超过100万人住在首都，每3个港口人中就有1个是外国出生的。城市的轮廓线和现代化港口设施已经没有多少殖民时期布宜诺斯艾利斯的痕迹。铺就的林荫大道看起来像巴黎。甚至潘帕斯的牧场也变了；赫里福德牛和英国短角牛在铁丝网后的苜蓿草场放牧。

然而，表面之下的东西在很大程度上并没有变化。社会歧视阻挠本土出生的有色人种向上层流动。受过教育的白人和外国出生的人垄断了能够提供社会向上流动机会的中间职业。地主寡头们仍然离群索居；实际上，阿根廷最上层家庭变得更富有，也更孤傲。尽管1880年至1916年间出口带动的惊人发展扩大了国家财富，却在平均收入分配上没有任何作为。农村和城市工人阶级为出口做出了贡献，但却没有分享到足够的国家收入来消除贫困。此外，返回的阿根廷人将会在国家政治中看出前一个时代的腐败和选举舞弊。

【走近阿根廷】

阿根廷已经不再是以前的那个国家了，国家政治吸纳了新的支持者，新兴中产阶级要求参与公共事务的管理；喧闹的城市工人阶层也有同样的要求。在自由主义时代结束前，这些新的权力竞争者的确成功地进入了政治生活，即使从长远看，他们的政治权利并没能维持“八〇代”政治家保障的政治稳定。

第九节　政治转型

1916年不仅激进党赢得了总统选举、控制了国会，而且社会党在布宜诺斯艾利斯市掌握了权力，那里的选民将不断地选举社会党国会议员，直到20世纪50年代。突然之间，国家自治党受到重创的余部成了羸弱的反对党。这是一个属于激进党的时代。在就职庆典游行中，激进党的支持者欢呼着放开了总统马车的马缰绳，把他们的领袖伊波利托·伊里戈延拉到大街上。1916年的选举标志着这个国家的政权首次和平地从一个政党手中转移到另一

个政党手中。阿根廷人有理由相信,克里奥尔人政治和军事政变已经被抛在身后。

在1916年选举中,各省寡头的情况也并不好。在经济迅速增长时期,门多萨的公共生活已经发生了转变,以19世纪末铁路的开通为象征,为了保护自己的社会政治特权,当地地主差不多是出于自卫地欢迎铁路和经济变革。他们不愿意被强大的国家经济力量打垮,希望能够保持自己的社会和经济垄断地位,但他们错了。现代化给当地带来了新的社会群体,特别是一个移民资产阶级,他们越来越多地获取土地和财政资源。移民发展了门多萨省的现代葡萄酒产业。尽管门多萨的政治寡头仍然控制土地、水源和财源,但老牌家族的分裂削弱了寡头的力量,迫使他们允许新的社会群体的参与。的确,老牌门多萨精英早已变得富有,但最终,寡头政治失去了曾经寄望于现代化能帮它保住的领导权。第一条铁路开通30年后,1916年门多萨省的保守党失势。

伊里戈延总统是国家激进党的长期领袖。他通过农民、农场佃农、城市中产阶级,出乎意料地还有工人阶级的支持获得权力。伊里戈延是有产者,他的激进党领袖的核心圈子也属于地主寡头。许多激进党家族曾经是"八〇代"的正式成员,因此激进党政府的经济政策没有严重偏离保守派的政策。然而,激进党的其他支持者可能给阿根廷政治增添新的潜在矛盾社会改革主义和民族主义。

伊里戈延处理中产阶级的教育愿望比他们的反劳工情感更容易些。1918年和1919年的大学罢工给他提供了解决前一个问题的

【走近阿根廷】

新兴中产阶级组成了激进党选民的一部分。一方面,中产阶级憎恨地主寡头垄断政治和经济机会。尽管出身移民,20世纪早期的中产阶级在政治上变得非常民族主义。他们谴责寡头政治和英国利益相互勾结,支持扩大国家官僚机构以重新控制由外国人主导的经济。另一方面,中产阶级接受了许多精英价值观:一是把大学教育尊为声望的标志,二是害怕和厌恶粗鲁的工人阶级。

机会。当伊里戈延掌权时，阿根廷有3所高等教育机构：殖民地时期建立的科尔多瓦大学、独立后马上成立的布宜诺斯艾利斯大学和1890年在布宜诺斯艾利斯省首府建立的拉普拉塔大学。政府预算支持大学教育。1918年，尽管大学入学人数已经增加到14000人，大学仍然是精英的堡垒。大学行政当局保守，教学内容更青睐法律和古典作品而非科学。如果政府正在变得更加民主，大学为什么不能也这样呢？

【走近阿根廷】

1918年年初，越来越多的中产阶级大学生以罢课来要求学校当局实现民主化。

激进党政府抓住了这个机遇进行大学改革。每个大学都得到新的特许状，在大学管理中听到学生的声音。预算控制收紧，学生群体扩大，包括更多中产阶级新生，国家还建立了两所新大学，一所在圣菲省，另一所在图库曼。大学教育为中产阶级提供补贴，将额外的机会扩大到内陆省份的人们。

第十节　经济民族主义的开端

战后，几乎没有新的土地用于农业开发，但是对农业机械以及肉类加工厂用肉牛的育种和育肥地区专业化投资不断增加，提高了农村生产力。随着来自美国的新投资的涌入，肉类加工业在20年代持续扩大。弗拉塞尔（Fraser）家族是一个第三代苏格兰—阿根廷家族，如同这个家族的阿尔帕尔加塔斯制鞋厂（Alpargatas）和纺织厂的增长，以及托尔夸托·迪特利亚（Torcuato Di Tella）一个移民拥有的S. I. A. M. 公司的扩张所证明的那样，阿根廷的轻工业也充满了活力。汽车工业的到来增加了阿根廷轻工业的活力。

到1930年，阿根廷在减轻对外国能源的依赖上取得了进展。国有的联邦石油矿产公司（Yacimientos Petroliferos Fiscales，或YPF）创立，通过供应国内一半以上的石油需求，减少了人均消费进口煤炭量。20世纪20年代阿根廷的经济增长甚至超过了许多“工业国家”：其国内生产总值年增长率为6.7%。到20年代末，阿根廷在物质进步方面超过法国。

【走近阿根廷】

经历了第一次世界大战的挫折之后，20世纪20年代阿根廷经济恢复了强劲出口。外国资本的流入、铁路建设、移民和国内资本市场的扩张继续战前的趋势。

经济民族主义意味着行使政治意愿，通过限制外国公司的影响，吸收和内部化经济增长的利益。在阿根廷，它具体指的是国家稳步加大权力，规范外国公司经济资产，如铁路、肉类加工和石油公司，所有得到准入阿根廷的外国公司最终都要遭到国家干涉。经济民族主义也作为国家管理企业的基础，40年代胡安·庇隆总统因之闻名。阿根廷的经济民族主义发轫于地主寡头之中；“八〇代”政治家曾经给外国资本以极大的自由，第一次世界大战后开始限制外资活动。

【走近阿根廷】

19世纪80、90年代，地主寡头想通过修建铁路来增加他们农业产业的价值。同样是这些寡头甚至支持通过政府借款来补贴英国铁路公司。

当铁路公司一建成，地主寡头就开始憎恨支付高额运费，向他们在政府的朋友施加压力，阻止英国经理们提高运输价格。降低铁路利润抑制了铁路公司投资扩大运力。在收获季节，当庄园主需要把他们易腐烂的作物运到港口时，铁路车皮总是不够用。成袋的小麦堆积在铁路旁，慢慢地在阳光下腐烂。

更糟的是，在地主眼中，外国公司从来都没有能力控制他们的工人。英国铁路公司的工人形成了阿根廷工人运动的先锋。英国在阿根廷的铁路建设结束于20世纪头10年的中期，这是一个非

常重要的政治时期，民选政府首次取代了曾经强烈支持铁路公司的保守政权。从1916年至1930年，在广受欢迎的激进党执政期间，为实施劳动规则，工人们开始了他们最重要的斗争。这些规则决定工作条件和工作场所的规程，保护工人，制约这些公司任意处置基层工人的权力。有两个工会领导了这场斗争。成立于1887年的机车工人互助会(La Fraternidad)是工程师和司炉工组成的同业行会。非机车工人直到1922年才有了自己的组织，在长期经历多次失败后，此时他们成功地形成了高度集中的铁路工会(Unión Ferroviaria)。只有非熟练工人和流动的路基铺设工人没有组织起来，他们大多数是克里奥尔人。事实证明，激进党政府比它保守的前任更同情工人的要求。

铁路工会似乎找到了停工抗议、发泄不满的机会，而最令地主寡头头疼的是，这通常恰恰发生在收获季节！出于这些原因，保守派和激进党政府都很关注英国人如何管

理他们修建和维护的铁路系统。对外国资本态度强硬的政治家得到了精英阶层的支持。正如一个代表在1913年所说："如果我不知道铁路像所有工业托拉斯和垄断企业一样，有令人沮丧的影响力，特别是对一个国家士气的影响，我就不会害怕这个托拉斯。"（Wright 1974，107）

【走近阿根廷】

20年代，政府继续了其对国有油田罢工的严厉打击。阿根廷军方对西班牙、德国和罗马尼亚工人组成的"不爱国"的劳工组织没有好感。军队平息了1924年和1927年两次短暂的罢工。如何解释政府对铁路工人宽大而对石油工人绝不妥协的态度呢？这是因为，铁路工人为外国企业工作。

阿根廷的油田也有工人罢工的情况发生。石油工人大部分是在外国出生的，他们抗议生活成本上升和里瓦达维亚海军准将城（Comodoro Rivadavia）恶劣的居住条件。私营公司如壳牌和英国铁路公司为工人供电、提供干净的宿舍，但国有企业没有。1917年，工人在国有油田举行了为期51天的罢工。在谈判期间，海军管理着油田，但当工人一复工，警察马上就逮捕和驱逐了工人领袖。

同样的理由也可以用在英资肉类加工厂（frigorícos）身上。为了满足肉类加工企业对优质育肥牲畜的新需求，地主已经改革了他们的养牛企业。他们自己淘汰了罗萨斯时代皮包骨头的瘦长的长角牛，竖起围栏、改善草场、修建牲口棚、雇佣更多的工人来照料从英国花大价钱买来的短角牛。而且，全国的养牛庄园已经重新组织起一个新的牛肉市场体系。门多萨和科尔多瓦干旱一些的草原地区的庄园主擅长繁育牛。他们用英国人的铁路把1岁的小牛犊运到布宜诺斯艾利斯省湿润的潘帕斯草原育肥以供应市场，那里有适宜养牛的高密度的大片苜蓿草场。在英国肉类加工商给庄园的牛出个好价钱时，他们支持整个生产行业，但他们出的价钱并不总是很好。

1929年一个铁路工会领袖抗议英资铁路公司的行为

门多萨的集会声势浩大，气氛热烈。

[工会领袖贝塞拉(Bermra)声称]“(门多萨铁路工会)指导委员会证明，今年公司比前一年多挣了300万比索，尽管这个公司1928年的利润已经相当可观，这就是我们为什么不能认同这个公司想要的结果。

“这个公司已经在欧洲收购了50万平方英尺的成品木材，毫无疑问，它追求的目标是有利于外国政府利益而损害我国政府利益。”

“国民政府”贝塞拉在演讲中说，“责成我们的工业家利用比外国产品物美价廉的阿根廷木材，目的是发展我们的财富，为阿根廷工人阶级造福。该公司违反这些部署，阴谋

破坏工人阶级的稳定。

“我们将通过斗争来保卫我们国家的工人——那些用他们的智慧和劳动为国家繁荣做出贡献的人的利益。

“该公司在我国赚取的钱应该投资，至少投资于给阿根廷人民带来好处的工厂上。”

“我们所保卫的，不亚于一个正义的目标”，贝塞尔在演讲结束时断言，“我们要求对国家进步做出贡献的工人得到尊重和工作，而不仅仅是提高工资，这具有合法性。”

“我们所生活的这个时代要求我们积极采取行动，阻止该公司效仿其他公司，实现反对我们工会的目的，迫使工人失去已经取得的胜利成果。

“令人高兴的是，我们的工会根深蒂固……资本家的反对不会使它倒下。”(EI Obrero FerroviarioMarch 16，1929)

英国公司毕竟是服务于世界市场的企业。国际市场价格决定它们的利润和它们能够付给阿根廷寡头的价格。国

【走近阿根廷】

20世纪20年代，激进党政府做出了回应，派警察没收公司账本，对英国肉类加工企业进行国会调查。当一些英国公司把股份出售给像斯威夫特（Swift）和阿莫尔（Armour）这样的美国肉类加工包装公司时，激进党政府对其加倍进行监督。许多阿根廷人相信，他们对付得了英国公司，但美国人有特别具有侵略性和生意垄断的名声。

际市场需求的任何降低，如1885年、1892年、1902年、1908年和1914年，都削弱了英国肉类加工企业对高价肉牛的支付能力。牧场主指责外商垄断价格，把“超额”利润汇到国外，他们要求政府采取行动。

“当北美资本到来时”，保守的报纸《新闻报》（La Prensa）1928年的编者按指出，“人们说……国家受到了侵略。”（Wright 1974，132）

然而，精英阶层对外国公司的施压是有限度的，因为外国公司仍然是阿根廷出口国外市场的必不可少的联系。正如一个农会发言人所说：“我们甚至从未想过，通过建设、购买或国有化冷冻企业，国家直接参与公司管理的可能性，我们确信个人主动性的优越性，这已经在这个国家令人钦佩的肉类加工业的发展上显示出来。对我们农业生产者来说，很可能是……官方管理所带来的财富毁灭会超过垄断组合带来的伤害。”（Smith 1969，123）但是并非所有的现代生产都供应出口。这就是自由主义时代的民族主义者在规范和拥有阿根廷石油工业上取得更大进展的原因。

第十一节　石油民族主义

【走近阿根廷】

阿根廷是拉丁美洲第一个建立起国有石油公司与外资竞争的国家。这是这个国家随后在许多领域尝试涉足国营企业的最初阶段。

阿根廷非同寻常的增长速度使其成为最主要的石油燃料消费国，而所有这些燃料都是进口的。英荷壳牌公司和新泽西的标准石油公司（后来重新命名为埃克森Exxon）在布宜诺斯艾利斯建立办事处进口石油产品。石油开始与进口的英国煤炭竞争，为阿根廷铁路、电厂、肉类加工厂和军事设施提供燃料。此后，1907年政府勘探人员在巴塔哥尼亚的里瓦达维亚海军准将城地区的联邦土

【走近阿根廷】

一个英国集团试图与阿根廷政府谈判建立一个合资企业，经营里瓦达维亚海军准将城12 350英亩的国有石油开发。根据这个提案，政府将得到65%的净利润；然而，一个英国代理商报告说，伊里戈延总统不仅拒绝了这一提案，而且“也拒绝承认收到了备忘录或对此给予了答复，出于政治原因，希望避免留下任何与我们谈判的记录”(Brown 1989，16)。很明显，政治家担心给予外国人任何形式的领土让步。民族主义者对标准石油公司格外敌视。

地上发现了石油矿产。

政府阻止了外国公司进入巴塔哥尼亚的石油产地，一场政治大辩论随之而来，讨论如何正确处理阿根廷国家和私人外国公司在开发这种现代燃料资源上的关系。一方面，老牌保守派赞成开放市场，相对不限制外资。另一方面，不断上升的民族主义运动和阿根廷军队有共同的目标。在一次讲述中，阿根廷最早的军队飞行员之一——恩里克·莫斯科尼(Enrique Mosconi)上校——详细描述了一个标准石油公司的职员如何拒绝给他的军用飞机加油，直到他付了现金。

对莫斯科尼和其他阿根廷军官来说，似乎外国公司正在控制国防。激进的政治家对此表示赞同。到第一次世界大战结束时，里

瓦达维亚海军准将城国有油田的产量占阿根廷产油总量的近80%，这意味着20世纪20年代的外国石油公司没有获得19世纪90年代英国铁路运营商所享受到的那种垄断。政府已经掌握了与外国企业家打交道的丰富经验，很快对新的外国石油企业采取了民族主义的立场。

马塞洛·T. 德·阿尔韦亚尔（Marcelo T. de Alyear）政府把国有油田建成了拉丁美洲第一个国有石油公司，称为“YPF”。公司的首任经理、军队飞行员莫斯科尼，现在已经是一个将军，感到自己有道义上和民族主义的义务打破外国公司的销售垄断。他建立了YPF炼油厂和经销店，降低石油产品的价格，利用政治压力阻止私人公司扩大生产。莫斯科尼的民族主义观点适用于对待所有外国公司。但他特别对世界上两个最大的石油公司——荷兰皇家壳牌公司和新泽西的标准石油公司保持警惕。

1928年恩里克·莫斯科尼将军对外国石油公司的看法

有人曾经问我，荷兰皇家壳牌公司和北美标准石油公司这两个托拉斯从技术能力和工作方法、程序上讲哪个更可取？我的回答是，它们都反映了欧洲文化和北美文化的差异所在，这是合乎逻辑的。

北美集团不那么科学，更勇于冒险、更冲动，有无限的资金可以支配，因此其企业极具活力。这个公司属于在很短的时间里暴富的民族，有冲动、有资产、不受他人即使不是蔑视也是对其外部情感、行为方式和“新贵”特点的偏见的影响。（这些特点）不承认在追求（集团）目标中有限制，引起（这个公司）粗鲁程序的反应由此而来，它以个人表现开始，延伸到不承认和攻击他国人民的主权。

欧洲集团更科学些，比北美集团更尊重传统，更多地受到世界技术和科学文献的启示；由于不那么财大气粗，（荷兰皇家壳牌公司）行事更谨慎，更有计划性，在劳工系统中更温和，极端时几乎通过而没被注意到。依然如此的是，它用技巧、所有可能的手段和它的经营环境，成功地实现了自己追求的目标。

考虑了所有的方面，两个集团是一样的，北美公司可以比作一根麻绳，欧洲公司是一根丝绳。对向我提出的那个问题，我的回答是，这两根绳子，一条粗糙，另一条光滑，都会用来绞死我们……

【走近阿根廷】

1929年，莫斯科尼对国际石油公司又发起了一次攻击。在扩大了YPF的零售和炼油设备后，他下令全国石油价格削减17%，并建立了全国统一价格。私营公司被迫跟牌。

这些英美公司在20世纪20年代遭到了政府的限制。在莫斯科尼的推动下，阿尔韦亚尔总统在1924年发布了一项法令，把巴塔哥尼亚变为联邦石油储备地。这个法案限制除YPF之外的所有石油公司在巴塔哥尼亚已经探明油田的地方扩大投资。这个法令对壳牌公司的打击比标准石油更为沉重，因为后者正在萨尔塔省积极开发其他地方的油田。那里的地方政府支持外国投资作为当地寡头的独立收入来源。

由于经济扩张和汽车、卡车的数量激增，阿根廷对石油的需求迅速增加，将外国公司从彻底民族主义者的攻击中拯救出来。莫斯科尼的联邦石油储备公司根本无法满足所有的需求。而且，与标准石油公司相比，阿尔韦亚尔政府更青睐于英国石油投资，这既是阿根廷精英阶层亲英情感的流露，也是标准石油公司声名狼藉的后果。到1927年，仍然有13家私营石油公司在阿根廷经营。荷兰皇家壳牌公司是阿根廷最大的外资石油公司，但标准石油公司的成长最为迅速。

【走近阿根廷】

伊里戈延总统和民族主义者尚未具有使石油工业国有化的能力。阿根廷需要外国石油公司，因为联邦石油储备公司无法生产、炼制和销售足够的石油供应国内市场，并且民族主义者无法把外国石油公司排斥在外，这同时也是为了能够保持国民经济的增长。民族主义运动的一个更有利的时机将会在以后到来。

壳牌和标准石油公司主导着利润丰厚的布宜诺斯艾利斯省市场，但是1929年莫斯科尼建立的全国统一价格使内陆市场销售无利可图。壳牌和标准石油把那个市场留给联邦石油储备公司，和外国公司竞争首都市场的斗争削弱了国有公司。然而，由于没有炼油厂，壳牌公司被关闭在阿根廷许多成长性的市场之外。1927年，壳牌终于获得阿尔韦亚尔政府的同意，在布宜诺斯艾利斯建造一个炼油厂，以便与联邦石油储备公司及标准石油公司竞争。但是第二年，伊里戈延开始其第二个总统任期，取消了这个许可。相反，他在国会面前推进一个石油工业全面国有化的提案，国有化将取消阿根廷石油生产和销售中的所有私营公司；然而，这个国有化提案太具争议性，后来伊里戈延让步了。最终，壳牌公司得到了建立炼油厂的许可，作为交换，壳牌公司要为布宜诺斯艾利斯大学新的石油学院的学生提供在职培训。

当那一时刻到来时，伊里戈延和激进党都已不在左右，无法引导国家进入工业化和民众主义时期。相反，大萧条率先降临，自由主义时期的所有缺点暴露无遗。

第十二节　大萧条和军事政变

大萧条深刻地影响了阿根廷。从1929年开始，工业国家遭遇了投资和生产的严重下降。它们输送到国外的资本减少，从南美洲进口的商品也减少了。阿根廷出口价格暴跌，外国公司以裁员数千人作为回应。寡头不得不遏制自己的炫耀式消费。甚至中产阶级也感到郁闷和不满，支付郊区房屋的抵押贷款和孩子们上大学的费用变得日益艰难。那些在政府官僚机构工作的人的日子也强不了多少。由于关税收入匮乏，伊里戈延无法签发他们的工资单。

所有的人都为大萧条指责激进党。伊波利托·伊里戈延，一个曾经被看作是谜一般的强大的男人，突然之间变得衰老而遥远。掌权的激进党内的阿谀奉承之徒现在被视为腐败、屈从外国利益，正如当年保守派一样。该怎么办？伊里戈延的总统任期还有4年，但他的声望和执政能力已经下降到令人难以置信的低点。如果在19世纪，这种时刻必定会有一个军事考迪罗站出来，抓住民众的想象力，“挽救国家”。但是，自19世纪80年代，在罗加将军和“八〇代”政治家的统治下，军队帮助开启自由主义时代起，军人就一直没有参与政治转型。但是现在，1930年，军队将参与推翻自由主义统治。有些参加策划的军官说，他们在拯救宪法。

【走近阿根廷】

1930年9月6日，乌里武鲁部队采取了坚决的行动。

策划推翻伊里戈延政权的阴谋自1929

年就开始了，但需要一年半的时间聚集军队内外足够的支持力量。何塞·F. 乌里武鲁(Jos é F.Uriburu)将军代表了军队中的强硬派，他们反感伊里戈延干涉军队的提拔，以及为了激进党的利益利用军队干涉省内政治。阿古斯丁·胡斯托(Agust í n Justo)将军率领了由更多军官组成的温和派，随着伊里戈延变得越来越衰老、专制和蒙昧，他们的谨慎倾向消失了。这个军队中的温和派提出“用武器走宪政道路，并且在此基础上尽快恢复常态”(Potash 1969,I:44)。不断加深的经济危机无助于总统保住自己的位置。

这个阴谋并非秘密。知名人士在经济危机中清醒，也质疑伊里戈延的能力，呼吁以激烈的行动反对他；政敌希望从激进党倒台中获益，采取了袖手旁观的态度。甚至是伊里戈延的副总统也什么都没做，可能希望军队反叛者会推举他当总统。

600名军校学员和900名来自“五月营地”(Campo de Mayo)军事基地的部队沿着布宜诺斯艾利斯的圣马丁大街向总统府——玫瑰宫行进。在大批人群向军人队伍欢呼时，伊里戈延逃往拉普

拉塔。最终，军方和民间都没人公开反对这场政变。在被允许悄悄返回首都的家之前，伊里戈延被短暂地监禁。公众舆论支持这次违宪，歌手卡洛斯·加德尔录制了一首庆祝的探戈：

> 飞机穿过灰色迷雾，
> 它是革命胜利的曙光，
> 依旧在不朽的1810年，
> 人民，洋溢着骄傲，挤满街头。
> 万岁！我们的人民！万岁！自由的光辉！
> 当我们描绘新的命运，
> 骄傲属于阿根廷人民。
> （Collier 1986，116）

然而，一旦执政，军政府就采取了自己的计划。将军们宣布他们已经挽救了国家。

1930年9月政变的军队宣言

为了响应人民的呼声，在陆海军的爱国援助下，我们已经控制了这个国家的政府。

作为秩序的代表者，我们受的教育是尊重法律和制度。在过去几年，我们吃惊地看到这个国家遭受着混乱。

我们一直安静地等待，希望能有补救行动，却面临将国家置于骚乱和毁灭边缘的痛苦现实。危局当前，我们承担起了避免国家走向崩溃的责任。管理的惰性和腐败、缺乏公正、大学的无政府状态、经济和财政管理不善、无计划性，官僚体系腐朽的偏袒、政治活动成为政府的主要任务，对陆海军破坏性、贬低性的干涉，蔑视法律的傲慢和明显表露出攻击性的粗鲁态度带来国家在国际声誉上的损害，对下属提升滥用职权、暴行、欺诈、系统性掠夺和犯罪，这绝不是

对政府一直不得不支持的那些行为的苍白表达。

在诉诸武力把国家从不祥的统治中解救出来时，我们一直受到一个高尚、慷慨的理想的鼓舞。事实将证明，指引我们的目标除了国家的利益外，没有其他。(Sarobe，1957，250–251)

【走近阿根廷】

在这个新的时代，政府变得更喜欢干涉，政治也变得不那么稳定。在20世纪的剩余时间里，国家元首中将军(14人)比文官(11人)多。

大胆和成功使乌里武鲁能够在随后两年里按照自己的强硬路线哲学统治这个国家。当时没有人察觉到，这场政变标志着自由主义时代的结束，以及另一个时代犹豫不决的开始。

第十三节　攻击豁免权

1983年，各个阶层的阿根廷人都把军人的豁免权看作是国家的头号问题。五月广场母亲组织的每周游行在民选政府时期仍然持续，公众要求对肮脏战争的受害者负责，问责施暴者。因此，阿方辛总统创建了全国调查失踪人员委员会，小说家埃内斯托·萨瓦托（Ernesto Sabato）（《论英雄与坟墓》的作者）主持这个委员会的工作，120名工作人员赴全国各地搜集文件，并且从受过酷刑的受害者和失踪人员的家人那里收集证词。军政府的以前流亡囚犯

回国作证。

从一开始，阿方辛的政策就遭到来自各方的抵制。右翼批评派提出，国家重组进程降低了武装游击队给国家带来的危险。军官们现在把激进党看作是一群共产党，尽管之前激进党曾经支持军方的去庇隆化。左派的反对来自五月广场母亲组织和诺贝尔奖得主阿道夫·佩雷斯·埃斯基维尔，他们怀疑总统的真实意图是限制对失踪人员的调查，并且把起诉限制在那些发号施令的军官，而不是数千名更多的执行酷刑和谋杀的军官。除此之外，母亲组织反对总统实际上半心半意地指责的游击队。他曾经说过，游击队的领导人也应该被起诉。但是失踪的蒙托内罗斯的家人希望把他们的亲人塑造成民族英雄，而不是像军官那样的罪犯。“未来将追忆这些人民的英雄和烈士，如同我们追忆他们一样”，一份母亲组织的出版物如是说，“因为他们是正确的”。

【走近阿根廷】

阿方辛原本预计全国调查失踪人员委员会将会在6个月内结束调查，并向民事法庭呈交调查结果，以便迅速起诉肮脏战争中的高级军官。如果总统想迅速处理失踪人员问题而不激起军方的武装反对，那他就想错了。

一个遭受过酷刑的人1984年回到阿根廷

1977年4月，记者哈科沃·蒂默曼（Jacobo Timerman）在自己的公寓被20名武装人员逮捕。蒂默曼试探性地报道了失踪人员和游击队行动，这是军政权禁止宣传的两个题目。蒂默曼还是犹太人，执政军官中的极端分子是众所周知的反犹分子。武装人员在他头上套上面罩，把他捆起来放进一辆轿车的后部。一个绑架者用枪指着他的头，威胁说：“说再见，亲爱的哈科沃。你完蛋了。”（Timerman 1981，10）有人缓慢地数到10，随后抓他的人爆发出一阵大笑。

在接下来的3年里，蒂默曼被安全部队人员关押和拷打。通过国际人权组织的抗议，他最终获得释放，并离开阿根廷，写了一本关于他的监禁生活的著名回忆录《无名的囚犯，无号的囚室》。1984年民主恢复后，蒂默曼回到阿根廷。对这个前军政府的囚犯来说，这是一个痛苦、苦乐交织的体验。

回到阿根廷，蒂默曼施压指控两名将官，并动身找到他被捕后大部分时间关押的秘密监狱。他在一个小囚室照了张相，在那里他曾经与世隔绝、遭受电击，而且食不果腹。他反思国家民主的重建，并且寻找前军政权侵犯人权的真相。蒂默曼表达了希望追求公正，反对发动了肮脏战争的军官；但他也认识到，并非所有的人都谴责过去的侵犯行为。

甚至在1984年蒂默曼回国访问前，替军方叫屈的人开始在报纸上铺天盖地地编造故事，说这个国际著名的阿根廷记者以前和蒙托内罗斯涉嫌的银行家有联系。曾经拷打过他的人，拉蒙·坎普斯(Ram6n Camps)甚至出版了一本书，把蒂默曼和“共产主义恐

怖分子”联系在一起。这种破坏蒂默曼名誉的宣传在阿根廷有为绑架和折磨他辩护的效果。

【走近阿根廷】

1853年宪法保留了殖民时期的某些司法原则，当时军队享有自己的司法管辖权。几个世纪以来，武装部队的军官只在军事法庭答辩刑事和民事诉讼，这些军事法庭因对平民的敌意而臭名昭著，并且最初听证人权指控的军事法庭往往开脱军官。新政府试图解决这个古老的难题。阿方辛和国会通过了一项法令，允许民事法庭评审军事法庭有关“镇压恐怖主义”的判决。

阿根廷不完备的司法体系使所有的努力更加复杂。

军方几乎无法避开这些对其长期享有的特权的侵犯。马岛溃败后，军官团严重分裂。在最后的日子里，军政府已经赦免了其军官打击游击队暴动中犯下的所有罪行，但是马岛战争的失败使即将离任的军政府名誉扫地。阿方辛政府快速、轻易地推翻了大赦，使阿根廷军人独裁政府成为南美洲唯一放弃权力时没有得到这个豁免权的军政府（20世纪80年代，巴西、秘鲁和智利的兄弟武装在同意选举之前，成功地实施了这样的赦免）。